Karl Braun

Champagner

Ein Kapitel aus meinem Wein-Brevier

Karl Braun

Champagner
Ein Kapitel aus meinem Wein-Brevier

ISBN/EAN: 9783743389052

Hergestellt in Europa, USA, Kanada, Australien, Japan

Cover: Foto ©Lupo / pixelio.de

Weitere Bücher finden Sie auf **www.hansebooks.com**

Champagner.

Ein Kapitel aus meinem Wein-Brevier.

Von

Karl Braun-Wiesbaden.

«Prima historiæ lex est, ne quid falsi dicere
audeat, — secunda, ne quid veri non audeat.»
Baco von Verulam.

Leipzig.
Verlag von Carl Reißner.
1881.

Inhalt.

	Seite
Vertrauliche Briefe eines alten Touristen über Champagner.	
Erster Brief	3
Zweiter Brief	11
Dritter Brief	26
Vierter Brief	32
Fünfter Brief	41
Sechster Brief	51
Technischer Anhang. (Aus der Feder eines Fachmannes) .	61

Vertrauliche Briefe

eines alten Touristen

über

Champagner.

Sechs Briefe über den Begriff und das wahre Wesen des Champagners.

I.

Es giebt wenig Gegenstände in der Welt, insbesondere wenig Genußmittel, in Betreff deren bei dem deutschen Reichsbürger so zahlreiche und bedauerliche Irrthümer grassiren, wie der Champagner.

Als Proudhon sein berühmtestes kommunistisches Werk schrieb, eröffnete er es mit den Worten: „Das Eigenthum ist der Diebstahl". Später hat er eingestanden, daß er diesen Ausspruch gar nicht so ernst gemeint, sondern daß er ihn nur gleichsam wie einen Trompeter vorausgeschickt habe, um das Ohr der sonst unaufmerksamen Menge zu reizen, pour frapper l'oreille, und diese Absicht sei ihm über alles Erwarten vortrefflich gelungen.

Da ich ein eingefleischter Manchestermann und Anhänger des Eigenthumsdogmas bin, so wünsche ich nicht, mit dem berühmten Kommunisten verwechselt zu werden, und halte es daher für nothwendig oder doch nützlich, ausdrücklich zu betonen, daß der an die Spitze dieses Aufsatzes gestellte Ausspruch durchaus nicht von irgend einer „Tam=Tam"=Absicht diktirt ist, sondern von der innigsten Ueberzeugung, daß ich den Beweis seiner Wahr= heit zu führen weiß, und daß ich hiedurch ein aufrichtiges und gemeinnütziges Werk zu vollführen gedenke.

Wenn ich es wage, dem deutschen Reichsbürger, der in allen übrigen Dingen gelehrter oder wenigstens be= lesener ist, als irgend ein anderes Geschöpf Gottes, einen Mangel an Kenntniß nachzureden, so berufe ich mich auf den Ausspruch eines alten Kritikers, welcher lautet: «Multi Thyrsigeri, sed pauci Bacchantes», das ist auf Deutsch: „Viele zwar schwingen den rebenumkränzten Thyrsusstab, aber nur Wenige sind wirklich Bacchanten". Kurz, Viele trinken Wein, Viele sprechen darüber, aber nur Wenige giebt es, die etwas von demselben verstehen. Auf diesem Gebiete ist auch mit der Gelehrsamkeit allein wenig zu machen, vielmehr gilt das Sprüchwort der rheinischen Weinbauern: „Probirt geht über Studirt".

Dafür im Vorübergehen nur ein Beispiel:

Unsere Gelehrten haben sehr umfangreiche Bücher über den Dionysos= oder Bacchuskultus, über die Bac= chanten und den Thyrsosstab, nicht minder auch über den Falerner, Cäcuber, Chier und die sonstigen berühmten Weine der Römer und Griechen geschrieben. Aber die wichtigste Entdeckung auf diesem Gebiete der Alterthums= kunde zu machen, war einem alten Rheingauer Touristen vorbehalten, der zwar selbst in seinem Greisenalter noch die griechischen und römischen Klassiker mit Vergnügen und Andacht liest, aber der zünftigen philologischen Gelehrsamkeit schon lange Valet gesagt hat.

Diesem ehrwürdigen Greis, welchen zu nennen mir die Bescheidenheit verbietet, fiel es vor einigen Jahren ein, die Stätten der Ausgrabungen in Olympia, wo das deutsche Reich, und in Mykene, wo Herr Schliemann gräbt, aufzusuchen und quer durch die Halbinsel Morea zu reiten. Natürlich war bei dieser Reise seine Aufmerksamkeit nicht minder auf die griechischen Weine gerichtet, als auf die Kunstdenkmäler und die Alterthümer.

Nun pflegt der Grieche seine weißen Landweine mit Pinienharz zu versetzen, ähnlich wie in Deutschland hin und wieder das Bier gepicht oder gepecht wird. Man nennt diese Weine in jener „Lingua franca", die im Mittelalter, während der Kreuzzüge, im Kriegslager der Franken, das heißt der Westeuropäer, entstanden und bis zum heutigen Tage im Südosten fortfährt zu existiren, «Vino resinato», das ist verharzten Wein. Er schmeckt, das kann man nicht leugnen, einem westeuropäischen Gaumen im Anfang abscheulich. Aber nach und nach gewöhnt man sich daran und am Ende trinkt man ihn mit Wollust, insonderheit wenn es recht heiß ist. Als nun der gedachte Rheingauer Tourist vier Wochen lang nichts als Vino resinato getrunken, da ging ihm eine sublime antiquarische Idee auf:

„Jetzt weiß ich, was der Pinienapfel auf dem weinumkränzten Thyrsusstabe bedeutet. Die alten Griechen haben ihren weißen Landwein, ebenso wie die Neugriechen, mit Pinienharz versetzt, bevor sie ihn tranken. Sie bewahrten ihn auch in Bocksfellen (nicht in Schläuchen, sondern in den sorgfältig zugenähten Häuten des Bocks, welche an den vier Beinen aufgehoben und getragen werden) auf, und deshalb schon, abgesehen von anderen Gründen, mußten sie ihn ebenfalls mit Pinienharz verpichen, sonst wäre er schon im ersten Vierteljahre verdorben. Daher der Pinienapfel auf dem Thyrsusstabe."

Man sieht also: selbst die Gelehrtesten können vom Praktiker immer noch etwas lernen.

Und nun zum Champagner, über den ich aus dem reichen Schatz eines langen Lebens und Wanderns hier etwas mitzutheilen gedenke.

Die Irrthümer, deren ich im Eingange gedacht, sind nämlich folgende:

Viele Deutsche glauben, es sei unter allen Umständen vornehm, Champagner zu trinken, oder wenigstens, er sei vornehmer als unser prachtvoller Rheinwein, den die Champagnertrinker „stillen Wein" nennen, wie ihn ja auch Claudius in seinem Rheinweinliede genannt hat.

Der Champagner verhält sich eben nicht stille. Er knallt, schäumt, spritzt, „arbeitet" (es ist echt französisch, das „Moussiren" travailler zu nennen), macht recht niedliche Flecken auf die Kleider der Damen und beträgt sich sehr anspruchsvoll und tumultuarisch.

Ist das vornehm?

Ich weiß es nicht. Aber das weiß ich gewiß, es giebt in Deutschland zahlreiche Kreise, die es für vornehm halten. Dazu gehören die Dienstboten und die Talmi-Aristokraten.

Sprich nur einmal mit einem Dienstboten, mit einem Handwerksburschen oder, um die heutzutage übliche Ausdrucksweise zu gebrauchen, mit einem „Arbeiter" über das Leben der vornehmeren und reicheren Klassen. Hundert gegen Eins wette ich mit Dir, der Mann denkt sich das „Schlampannjersaufen" als den höchsten Genuß und die vornehmste Beschäftigung jener Klassen.

Als in den Jahren 1872 und 1873 in Berlin, wo damals eine wahre Häuser- und Villenbauwuth grassirte, die Löhne der Bauarbeiter auf ganz fabelhafte Summen gestiegen waren, was thaten da die Arbeiter? Sparen? Nein! Ordentliches Ochsenfleisch essen und einen soliden Wein dazu trinken? Nein. Sie warfen sich auf das Champagnertrinken, weil sie der irrigen Meinung waren, das sei das Genußreichste und zugleich auch Vornehmste.*)

---

* Aus Anlaß obiger Geschichte erhielt ich von Herrn Dr. J. in G. in Schlesien nachfolgende Zuschrift:

„Hochverehrter Herr! Ich lese Ihre Schriften stets mit großem Interesse. Warum haben Sie aber in dem Aufsatze „Der Champagner" die Geschichte von der Rheinfahrt der Maurergesellen erfunden? Dadurch wird nur unnützer Klassenhaß erzeugt. Bekanntlich wird von den Arbeitgebern stets die Geschichte von dem Champagnertrinken der Arbeiter betont, um den Uebermuth derselben zu kennzeichnen. Nun aber ist die Geschichte vom Champagnertrinken so entstanden, daß ein Reporter vier allerdings angetrunkene Arbeiter in einer Droschke fahren sah, die Champagnerflaschen schwenkten. Die Geschichte spielte in Schöneberg bei Berlin, wo ich mich damals aufhielt, und da die Notiz die Runde durch alle Zeitungen machte, ging ich auf den betreffenden Bau, wo wiederum einige Champagner-Flaschen standen, doch waren es

Ein Freund von mir baute sich damals in einer der vornehmsten Straßen Berlins, in der Regentenstraße, einen stattlichen Palazzo. Er hatte ein großes Interesse daran, ihn noch bis zum Herbste fertig zu stellen. Aber die Arbeiter wurden immer schwieriger. Sie forderten von Zeit zu Zeit höhern Lohn und verließen, auch wenn ihrer Forderung stattgegeben wurde, doch zeitweise die Arbeit. Endlich stiegen die Löhne so, daß jeder Steinträger täglich fünfzehn Mark erhielt. Dafür hatten sie denn versprochen, von nun an auch ununterbrochen an der Arbeit zu bleiben. Es ist jedoch zweierlei: Versprechen und das Versprochene halten.

Eines schönen Montags früh kommt der Bauherr an seinen halb in den Mauern stehenden Palazzo. Kein Arbeiter zu finden!

„Na, Montag, blau!" denkt er, „das läßt sich in heutigen schwierigen Zeiten nicht ändern."

Er kommt am Dinstag wieder. Niemand an der Arbeit zu finden.

Weißbierflaschen, denen man solches Format damals öfters gab und die ein dortiger Boudifer führte. — Man sieht, wie Geschichten entstehen und wenn später einmal über die sociale Frage geschrieben wird, so wird diese Geschichte nicht fehlen, vielleicht auch die Ihrige nicht. — Mit der Bitte mir diese Aeußerung zu verzeihen, ergebenst etc."

Soweit die Zuschrift.

Ich habe dem geehrten Herrn nur erwidern können, daß meine Geschichte vollkommen wahr ist, daß ich Dummheiten der Arbeitnehmer eben so wenig verschweige, als Dummheiten der Arbeitgeber, und daß ich überhaupt Kasten-Vorurtheile und Kasten-Privilegien nicht respectire.

Mittwoch desgleichen.

Und so geht es mit Grazie in infinitum. Beinahe die ganze Woche lang. Endlich am Freitag sind die Bauarbeiter da und schaffen unverdrossen, als wenn nichts passirt wäre.

„Aber, Leute, wo seid Ihr denn gewesen? Ich habe Euch gesucht in eurem gewöhnlichen Bumskeller und in allen anderen Lakalen (in Berlin sagt man nicht Lokal, sondern Lakal, das ist hochdeutscher, ähnlich wie in München, wo man zuweilen statt Tonhalle hört: Tanholle) unseres Stadtviertels. Nirgends eine Spur. Ihr wart wie von der Erde verschwunden, wo habt Ihr denn um Gottes willen gesteckt?"

„Wo wir gestochen haben, Herr X.", lautete die mit lachendem Munde gegebene Antwort, „wo wir jestochen haben? J, dett wollen wir Sie sagen. Wissen Sie, am Sonntag, da war doch dett scheene Wetter; und weil wir doch dett ville Jeld hatten, da dachten wir, wir wollten doch ooch mal eene Rheinreise machen, und da haben wir mitsammst unsere Weiber die Eisenbahn zwischen die Beene jenommen und sind an den Rhein jefahren. Erst jestern sind wir wiederjekommen. O Herr X., dett war wirklich jettlich. Un wat haben wir für eenen Schlampannjer unterwegens jesoffen! Jerade wie Wasser! Et is uns heute noch ganz dösig in Koppe, aberst wir wissen jetzt doch, wie 't Eenen als vornehmer Herr is . . ."

Diese Meinung der ärmeren Klassen scheint mir darin ihren Entstehungsgrund zu haben, daß es unter den wohlhabenderen Ständen, und namentlich in Norddeutschland, auch heute noch eine Menge Leute giebt, die wirklich glauben, Champagner sei das ausschließlich vornehme Getränke. Eine Hochzeit, eine Kindtaufe, eine Familienzusammenkunft, eine Gesellschaft, ein Festessen, selbst ein Diner unter Freunden sei nicht ordnungsmäßig vollzogen, wenn nicht „Sekt" (ein sachlich und sprachlich unrichtiger Ausdruck) getrunken werde. Einen Toast, namentlich den ersten Toast, den Toast auf den deutschen Kaiser, kann man sich gar nicht denken ohne französischen Champagner. Viele sind auch noch geschmacklos genug, das Knallen der Pfropfen, das selten ohne etwas Kleiderbegießen abgeht, für außerordentlich melodisch und anständig zu halten. Rothhäute!

Man kennt Hackländer's „Frau Major", welche die ästhetischen Thees giebt. Am Schluß der Gesellschaft ruft sie mit would-be-vornehmem Pathos: „Johann, Champagner!" und der naive Bursche fragt laut, so daß es alle Damen und Herren hören können: „Befehlen gnädige Frau alle zwei Flaschen auf einmal?"

Auch in Berlin kenne ich einen sehr hoffnungsvollen Herrn, geistreich, Schriftsteller, Dichter sogar und, wie er selber behauptet, von den Damen verhätschelt, schon etwas alt, aber dennoch von ewiger Jugend, so das, was man einen „alten jungen Herrn" nennt; wenn er gerade viel Geld hat — natürlich pflegt Fluth und Ebbe abzuwechseln — bestellt er sich, sobald er Abends um halb Neun auf die Stammkneipe kommt, zuerst und geräuschvoll eine Flasche Champagner. Das ist hier Entrée joyeuse. Wie sagt doch Soliman der Große in Körner's Zriny?

„Als ich auftrat, hat die Welt gezittert,
Sie soll zittern, wenn ich untergeh'!"

Der Sozialistenführer Johann Baptist von Schweitzer selig aber pflegte öffentlich zu versichern, er müsse täglich Champagner trinken, sonst könnten seinem Gehirn unmöglich jene sublimen Gedanken entsteigen, welche nöthig seien, um die große Revolution durchzuführen, durch welche die „Stiefkinder des Glücks" in die ihnen angeborenen Rechte eines „menschenwürdigen Daseins" eingesetzt würden.

Endlich aber, ein gerade in unserem deutschen Vaterlande allgemein verbreitetes, höchst schädliches und deshalb zu bekämpfendes Vorurtheil besteht darin, daß man irrthümlicherweise glaubt, der französische Champagner sei unter allen Umständen der beste oder eigentlich, noch schärfer und noch unvernünftiger ausgedrückt, nur der französische Champagner sei der „echte", nur dort wachse der Schaumwein in natura, der deutsche sei „nachgemacht", oder wenigstens, wie Professor Reuleaux sagt, „billig und schlecht".

Alles das sind ebensoviel Irrthümer oder, wenn man mir das harte, aber gerechte Wort will verzeihen, Dummheiten, als Worte.

II.

Wenn man weitverbreitete Irrthümer widerlegen will, so thut man wohl daran, nicht nur mit ihrem ersten

Beginn zu beginnen, sondern auch, wie Fürst Bismarck 1869 im preußischen Abgeordnetenhause sagte, „diese Reptilien bis in ihre letzten Höhlen und Schlupfwinkel zu verfolgen".

Fangen wir also mit dem Anfange an:

Der Schaumwein ist keine Erfindung der Franzosen, sondern eine solche der Italiener, und zwar der dortigen Benediktiner.

Die jetzige Ausführung ist sehr kostspielig, kompliziert und hoch entwickelt. Aber die Idee an sich ist außerordentlich einfach oder, wenn man will, natürlich. Bekanntlich entwickelt unser Wein, das heißt der gewöhnliche Wein, der Naturwein, während der Gährung eine bedeutende Quantität Kohlensäure, welche er bei dem ferneren Vorschreiten seiner Ausbildung wieder verliert.

Denke nur an den „Federweißen", welchen ich Dir einmal in Lorch am Rhein vorsetzte. Das ist der Wein in seiner Sturm- und Drangperiode oder, wie es Heinrich Heine noch treffender und poetischer ausdrückt, „in seiner süßen Jugendeselei". Er schäumt zwar nicht gerade, aber seine Kohlensäure prickelt in Mund, Gaumen und Nase. Dabei ist er süß und hat daneben doch etwas Derbes und Herbes, welches uns anzeigt, daß er nicht ewig süß bleiben werde. Am besten schmeckt er, wenn man Kastanien dazu ißt, und sie ist merkwürdig, diese Wahlverwandtschaft zwischen Wein und Kastanien. Wenn am Rhein ein gutes Weinjahr ist, dann gerathen auch die „Kästen", so nennt man dort die Kastanien. Und ein schlechtes Weinjahr wird stets von einer Kästenmißernte begleitet.

Den „Federweißen" — er heißt so, weil er von Farbe gelblich, ja beinahe weiß ist und dabei schier flockig wie eine Feder — trinkt man im Rheingau nicht aus Gläsern, sondern aus Kaffeetassen. Aehnlich wie man in Jena vormals alles Bier aus hölzernen „Stübchen" trank, und auch aus dem nämlichen Grunde. Nämlich weil er trübe ist und also nicht schön aussieht. Guter fertiger Wein muß auch schön aussehen. Er muß durch den grünen Römer gleich flüssigem Golde durchschimmern. Der Berliner hat daher nicht ganz Unrecht, wenn er sagt, der Wein schmeckt „schön" (statt: gut). Der „Federweiße" aber ist, um es kurz, wenngleich nicht allzu fein auszudrücken, ein wenig „schmierig", nicht blos im Anblick, sondern auch im Anfühlen: er ist klebrig, weil er seinen natürlichen Zuckergehalt noch nicht vollständig verarbeitet hat.

Und endlich: er ist ein tückischer, gefährlicher Geselle. Er schmeckt so süß, so lieblich, so unschuldig, aber er ist ein Kobold, der die Menschen berückt und am Ende gar umwirft. Die Naturkräfte, welche bei vollendeter Gährung sich kultiviren, sind hier noch in unentwickeltem, feindseligem Zustand und lieben es, Unfug zu machen. Wie oft habe ich nicht erlebt, daß dieser kleine, leichte Federweiße eine „nordische Eiche gefällt hat"! Oder um es deutlich, ohne Umschweife und ohne Bild, auszudrücken: mancher Freund aus Norddeutschland hat über meine Warnung gelacht und sich zu tief mit dem kleinen Kobold eingelassen und ist dann von ihm zu Boden gestreckt worden wie eine Eiche, die der Blitzstrahl getroffen.

Mit Alledem will ich aber meinem lieben Federweißen doch keinen bösen Ruf gemacht haben. Es gilt auch von ihm nur das, was von der Musik jener Fibelvers behauptet, welcher lautet:

> „Musicke sehr Manierlich ist,
> Wenn sie der Mensch mit Maß genießt."

Diese Charakteristik des Federweißen ist zur Genesis des Champagners unentbehrlich. Du wirst das gleich einsehen.

Der nicht blasirte und in der That genußfähige und genußfreudige Mensch hat nämlich wirklich das Bedürfniß, dem Augenblick zu sagen: „Verweile doch, du bist so schön". Er denkt: er schmeckt doch sehr gut, dieser Federweiße; und wenn gleich der ausgegohrene, fertige, vernünftige, reingährige Wein noch besser und jedenfalls geistig nahrhafter ist, — etwa in derselben Weise und in demselben Verhältnisse, wie Ochsenfleisch besser ist als Kalbfleisch — so ist doch auch die Jugend nicht zu verachten; und es wäre das Beste, wenn man nach dem bewährten Spruche: „Das Eine thun und das Andere nicht lassen", Beides neben einander haben könnte.

So sind denn die Menschen in den weinbautreibenden Ländern darauf gekommen, zu probiren, ob es nicht möglich sei, die Jugend auf Flaschen zu ziehen und sie dadurch zu verewigen, das ist einen Wein herzustellen, welcher im Stand ist, die in der ersten Gährung erlangte Kohlensäure und Süße so lange wie möglich zu konserviren.

Diese Versuche sind aber nicht in Frankreich, sondern, wie bereits oben bemerkt, zuerst in Italien gemacht worden. Mit anderen Worten: der „Spumante" ist älter als der „Mousseux", und der Asti älter als der Champagner, wie ich das demnächst in einer gelehrten wein- und kulturhistorischen Abhandlung nachzuweisen gedenke. Hier, in dieser brieflichen Plauderei, will ich mich darauf beschränken, zu sagen, daß auch heute noch der italienische Schaumwein, namentlich der rothe Asti spumante, gar nicht zu verachten ist. Er ist nicht mit derselben Sorgfalt behandelt, wie der deutsche und der französische Schaumwein, und hält sich daher auch nicht so lange, aber gehörig in Eis frappirt ist er doch ein recht frischer, kühler Trunk unter der heißen italienischen Sonne, und es sieht auch gar zu schön aus, wenn über dem tiefrothen Wein der hellrothe Schaum schwebt, wie ein von der ersten Sonne angezündetes Morgenrothwölklein. In Italien also ist die Champagnerfabrikation noch in der Kindheit, noch rein naturalistisch. In Frankreich dagegen, wo als ältester Schaumwein-Bereiter ein Benediktiner, Dom Perignone, zu Ende des 17. Jahrhunderts genannt wird, und später in Deutschland ist sie eine komplizirte Kunst geworden, um nicht zu sagen, eine gepflegte und gehegte, eine tiefe und dunkle, das ist in tiefen und dunklen Kellern betriebene esoterische Wissenschaft, den Geheimnissen von Eleusis vergleichbar.

Ein Gesetz der historischen Entwicklung der Schaumweinproduktion, an welches ich jetzt schon vorübergehend und vorausschickend erinnern will, ist nicht zu verkennen.

Sie wagt sich, im Anfang wenigstens, nur an die kleineren und leichteren Weine, nicht aber an jene ernsthaften Majestäten, welche verbessern zu wollen ein Attentat wäre oder jenem Verbrechen gliche, welches der französische Spieler in „Minna von Barnhelm" beschönigenderweise «corriger la fortune» nennt. Man kann sich mit Göttern vierter Klasse, wie Hephästos und Momus, Scherze erlauben, aber nicht mit dem Wolkensammler Zeus und dem fernhintreffenden Phoibos Apollon; denn Ersterer hat seinen Blitz und Letzterer seinen Bogen und seine Pfeile.

In Italien ist der Schaumwein im Wesentlichen bei dem norditalischen Asti stehen geblieben. Man hat sich nicht an den Marsala, an den Lipari, an die Varnaccia, an den Torbado und die Malvagia gewagt, um sie spumant zu machen. In Frankreich hat man sich an die leichten Weine der Champagne oder andere frühreife Sorten gehalten; namentlich importirt man auch viele weißgekelterte kleine Rothweine aus dem Ausland, um daraus Champagner zu machen; aber es ist nie Jemandem eingefallen, einen großen „Chateauwein" moussiren zu lassen. In Deutschland hat man, soviel ich weiß, an der Mosel und am Rhein angefangen, und das Rheingau ist erst später an die Reihe gekommen, und zwar im Hinblick auf den Konsum in England und in Rußland.

Allerdings sind es die Franzosen, welche das jetzt herrschende Fabrikationssystem zu seiner Vollkommenheit ausgebildet haben. Vielleicht würde es richtiger sein, wenn man sagte: es ist in Frankreich so vervollkommnet worden. Denn ich kann mit Bestimmtheit behaupten, es hat auch mancher Deutsche dabei mitgeholfen, zum Beispiel der jetzt verstorbene Herr Schweickart, welcher die Kunst, die er in Frankreich übte und lernte, später auf die von ihm gegründete Schaumweinfabrik in Hochheim am Main übertrug; und wenn ich nicht sehr irre, so ist der jetzige Inhaber des berühmten Etablissements der Wittwe Cliquot ebenfalls ein Deutscher, Herr Werle, und stammt aus einem nassauischen Landstädtchen unterhalb von Frankfurt, auf dem rechten Mainufer gelegen. Er hat sich freilich ein wenig französirt, indem er auf dem zweiten E seines Namens einen Accent angebracht hat. Aber das thut nichts.

Die Deutschen, wenigstens diejenigen aus den Weingegenden, haben überhaupt in der Regel eine hoch entwickelte und unterscheidungsfähige Weinzunge, während dagegen in feiner kritischer Beurtheilung der Speisen uns die Franzosen überlegen sind. In Jenen steckt immer ein wenig vom Weinküfer und in jedem gebildeten Franzosen etwas vom Koch und zwar etwas recht Gutes.

Jedenfalls ist es aber ein in Deutschland weit verbreiteter und auch bei sonst ganz vernünftigen und gut unterrichteten Menschen herrschender Irrthum, wenn man glaubt, der Schaumwein werde in Deutschland künstlich gemacht, in Frankreich dagegen wachse er so, wie wir ihn trinken, im Weinberg.

Hier wie dort wächst der Wein zwar im Weinberg, aber seine Eigenschaft als Schaumwein wird ihm durch

Fabrikation erst verliehen. In Frankreich so gut wie bei uns, und die Franzosen haben viel studiren und probiren müssen, bis sie die jetzige Methode gefunden. Lange Zeit hat man des Guten zu viel gethan. Man hat zum Beispiel zu viel Zucker zugesetzt. Was war die Folge? Nicht nur wurde der Schaumwein zu süß, und das schadet dem Konsum, denn von so süßem Wein wird man schneller gesättigt, er reizt nicht zur Fortsetzung des Trinkens: sondern auch es entwickelt sich in Folge dieses Zuviel an Zucker ein Uebermaß von Kohlensäure, welches Hunderte von Flaschen zersprengte und den Fabrikationsgewinn drückte, ja sogar zuweilen in ein Manco verwandelte.

Beiläufig bemerkt: man läßt in den Schaumweinfabriken den Wein aus den zerplatzten Flaschen nicht umkommen. Die Flaschen sind so gestellt, daß wenn sie zerspringen, der Wein in eine wasserdichte schiefe Rinne (dem Kugellauf einer Kegelbahn vergleichbar) hineinfließt, um sich in einem großen Fasse zu vereinigen. Aus diesem gesammelten Stoff wird ein Weinessig fabrizirt, den ich Dir mit gutem Gewissen empfehlen kann, indem ich hinzufüge, Jedermann oder vielmehr jede Frau (denn auf die Letzteren kommt es hier in erster Linie an), welche in ihre Speisekammer oder auf ihre Tafel Holzessig kommen läßt statt Weinessig, begeht einen Akt der Feindseligkeit gegen ihre und der Ihrigen Gesundheit.

Es hat lange gedauert, bis man es so weit gebracht hat, daß man auf Grund zahlreicher Berechnungen und Experimente das richtige Verhältniß zwischen dem vor der Gährung zuzusetzenden Zuckerquantum und der nach derselben im Wein vorhandenen Kohlensäure feststellen konnte. Das ist aber nicht die alleinige Finesse der Fabrikation. Ich habe dieselbe in verschiedenen französischen und deutschen Etablissements gründlich studirt. Aber Du wirst mir nicht zumuthen, diese Geheimnisse zu verrathen. Man verräth Fabrikgeheimnisse, die man sub rosa erfahren, ebensowenig wie Kriegsgeheimnisse. Der letztgedachte Verrath ist erschießlich, der erstgedachte verächtlich.

Wenn man aber auch nicht darauf aus ist, diese eleusinischen Geheimnisse zu erforschen, so ist es doch außerordentlich interessant und für Jedermann lehrreich, wenigstens einmal als wißbegieriger Tourist eine Schaumweinfabrik zu durchlaufen. Man sieht dann erst recht, welches Kapital, welche Arbeit und welche Intelligenz in einem solchen Geschäft steckt. In der Regel sind es drei unterirdische Kellerstockwerke unter oder über einander, mit Treppen, Leitern, Fahrstühlen, schiefen Ebenen, Schrotgängen und anderen Vorrichtungen dazwischen. Die Keller haben verschiedene Temperaturgrade, so wie es die Erziehung und Heranbildung des Weins in den verschiedenen Stadien seiner Entwicklung erfordert. Denn die Erziehung der Weine wird hier so systematisch betrieben, wie die bürgerliche Erziehung des Menschen auf dem Gymnasium und seine militärische Erziehung in der Armee.

Die Keller der Ewald'schen Champagnerfabrik, welche auf einem sonnigen Berge bei Rüdesheim liegt, reichen zum Beispiel bis unter den Rheinspiegel hinunter. Ich würde die unterirdischen Räume mit einem Bergwerke vergleichen, so tief reichen sie hinab, — der Bergmann, der gewöhnlich den Mund ein wenig voll nimmt, sagt „bis in die ewigen Teufe" —, wenn nicht diese Kelleretagen ebenso hell, so reinlich und ich möchte fast sagen so appetitlich wären, wie es in den meisten Bergwerken schmutzig und dunkel oder wenigstens naß und unbehaglich zu sein pflegt. Indessen besteht doch eine gewisse Ideenassoziation zwischen dem Bergmann und dem Keller. Denn die Bergleute lieben das Trinken. Ich erinnere mich zum Beispiel eines sehr schönen und kräftigen Bergmannsliedes aus meiner nassauischen Heimat, worin alle Dinge aufgezählt werden, die nichts taugen.

Darunter paradiren an erster Stelle:
„Ein Haspel, der nicht läuft,
Ein Bergmann, der nicht säuft."

Nachtrag.

Der Vollständigkeit halber trage ich folgendes nach: Die von meinem Freunde Wilhelm Herbertz in Berlin herausgegebene Wochenschrift „Die deutsche Zuckerindustrie" enthält folgende interessante und guten Quellen entnommene Notiz über die Geschichte der französischen Champagner-Fabrikation:

„Der Wein der Champagne hatte schon vor Jahrhunderten einen großen Ruf; insbesondere schätzte Papst Urban II., erwählt 1088, gestorben 1099, den Wein von Ay, den er für den besten der Welt erklärte. Später waren es die Weine des Marquis von Puisieux, Herrn von Sillery und Verzenay, die die Tafeln der Könige schmückten. Damals waren diese Weine roth und erst seit 1670 gelang es, sie weiß zu machen, natürlich mit einem gelblichen Schimmer, daher auch vin gris, vin paillé (strohgelb), oeil de perdrix (Auge des Rebhuhns) bezeichnet. 1739 gab man ihnen eine rosé Farbe, was als eine große Neuheit aufgenommen wurde, so daß die Tonne (la queue), aus zwei Stücken von je 190 Liter bestehend, mit 500 Francs bezahlt wurde. 1328 zur Zeit der Krönung Philipps von Valois kostete der Wein der Champagne 6 Livre das Stück (von 190 Liter), zur Zeit der Karls IX. 34 Livre.

Seit 1698 kannte man den moussirenden Champagner und liebte diesen Wein nach einer 1718 zu Rheims gedruckten Abhandlung: ‚Methode des Weinbaues und der Darstellung des Champagners‘, während dieser zwanzig Jahre bis zur Tollheit. Doch kam man seit 1716 etwas davon zurück. ‚Die Einen glaubten‘, heißt es dort, ‚daß es die wilde Kraft der zugesetzten Kräuter (la fureur des drogues) sei, die ihn so stark moussiren ließe, die Anderen schrieben es der Göhre (verdeur) der Weine zu, denn diejenigen, die moussiren, sind äußerst göhrig (extrêmement verts) und noch Einige meinten, es sei der Einfluß des Mondes, je nach dessen Stande man den Wein auf Flaschen fülle.‘

Dom Pérignon, ein Benediktiner der Abtei Hautvillers (gegründet 650), war es, der zuerst den moussirenden Champagner herstellte. Von St. Menehont zu Hause kam er früh ins Kloster und zeichnete sich dort so aus, daß er bald (1668) Verwalter (procureur) wurde, was er auch während 47 Jahre bis zu seinem Ende blieb. Der Auswahl der Reben, der Zeit und der Vorsicht bei der Lese, dem Auspressen, dem Vermischen geeigneter Gewächse, wie der ganzen Behandlung der Weine widmete er die größte Sorgfalt, so daß man den Wein nach ihm benannte, vin Pérignon, und hoch bezahlte, 1000 Livres die Tonne. Aus dem Weine machte er eine Haupteinnahme für die Abtei, der die Weinberge von Prières, Côtes à bras, Barillets, Quartiers und Clos Sainte Hélène gehörten. Die Côtes-Weine sind noch heute gesucht; die Weinstöcke haben dort einen hinreichenden Abstand voneinander und erhalten niemals stickstoffhaltige Dünger.

Dom Pérignon fand, daß der in der Zeit der Lese bis zum Mai auf Flaschen gebrachte Wein moussire und ihm gelang es, aus rothen Trauben einen vollständig klaren moussirenden Wein herzustellen, ohne den so fatalen Satz (Niederschlag), der durch Umfüllen oder Abschleudern (dégorger) entfernt wird. Von ihm auch rührt das hohe und fein geschwungene (svelte), unten spitz zulaufende Champagner-Glas her, worin man, wie er sagte, den anmuthigen Tanz der Gasatome sehen kann. 1715 starb Dom Pérignon, 77 Jahre alt und erblindet, aber bis zuletzt eine feine Zunge. In der sehr schönen Abtei — jetzt Pfarrkirche von Hautvillers — befindet sich noch heute seine Grabstätte mit einer Inschrift, die seine großen Verdienste als Kellermeister, deren Erfolge er den Armen zuwandte, hervorhebt. Sein Geheimniß übertrug er dem Bruder Philipp, der 50 Jahre lang, bis 1765, der Kellerei der Abtei vorstand. Sein Nachfolger war André

Lemoine bis zum Jahre 1793, wo das Kloster verkauft und zerstört wurde. Lemoine vertraute das ihm übertragene Geheimniß der Champagner-Herstellung dem Abte Grosland, und dieser nahm es mit ins Grab. Wohl wurde schon früh von der Rheimser Industrie nach dem Vorgange Pérignon's moussirender Wein dargestellt, den man anfänglich flacon pétillant, flacon mousseux, vin sautant, vin mousseux, saute-bouchon nannte, aber wie schon erwähnt, ist es bis auf den heutigen Tag nicht gelungen, den Niederschlag ganz zu vermeiden. Man schönte den Wein vermittelst Hausenblase, nachdem ihm häufig ein kleiner Zusatz von hochfeinem Branntwein ($0{,}46$ bis $0{,}93$ Liter auf das Stück von 190 Liter) gegeben, zog ihn auf ein anderes Faß ab, füllte ihn auf Flaschen, die man mit Kork und Schnur verschloß und geneigt gegen einander legte. Trotzdem man die Flaschen nicht ganz füllte, um Raum für die Gährung zu haben, zersprangen viele; und daher war der Wein auch theuer. 1735 kostete die Flasche 42 Sons, etwa 17 Groschen, und 1737 wurde sie zu Rheims mit 3 Francs 6 Sous, fast 1 Thaler, bezahlt.

Vielfach hat man gefragt, ob Pérignon Zucker zugesetzt. Dies ist aber nicht der Fall gewesen; er verwandte nur vollkommen reife Trauben, die noch nicht im Geringsten eingetrocknet waren, sorgte, daß sie unverletzt zur Kelterung kamen, damit ihr Aroma ganz erhalten bliebe und ließ sehr schnell auspressen. Auch jetzt noch wird in ausgezeichneten Jahrgängen Champagner ausnahmsweise ohne Zucker hergestellt, der, wenn auch anfänglich nicht so angenehm auf der Zunge, von Kennern vorgezogen wird. Sonst ist es allgemein, Kandis und Cognac zuzusetzen, in Verhältnissen, die sich nach dem Geschmacke der Länder richten, wofür die Weine bestimmt sind, und seit Amerika einen enormen Bedarf nach billigem Champagner zeigt, wird derselbe auf alle mögliche Weise fabrizirt."

Mein Freund Herbertz hat diese seine Darstellung der Geschichte des französischen Schaumweins einem Berichte entnommen, welchen Herr Heuzé in der Pariser Centralgesellschaft für Landwirthschaft erstattet hat, auf Grund zweier Manuskripte, welche in der städtischen Bibliothek zu Rheims aufbewahrt werden. Der Aufsatz des Herrn Heuzé ist ohne Zweifel verdienstvoll, aber er würde seinem Verdienste die Krone aufsetzen, wenn er die beiden Manuskripte durch den Druck veröffentlichen und uns daneben auch das nöthige Material an die Hand geben wollte, um Aechtheit, Alter, Autorschaft u. s. w. hinsichtlich der Manuskripte beurtheilen zu können.

Gewiß ist, was sich ja auch aus der Darstellung des Herrn Heuzé annäherungsweise ergiebt, daß die jetzige Methode der Fabrikation französischer Schaumweine, mit Zuhülfenahme von Zucker und Cognac, aus dem achtzehnten Jahrhundert stammt, und daß dieses Fabrikat erst im neunzehnten Jahrhundert allgemein in Mode gekommen und den Weltmarkt gewonnen hat. Sachkundige versichern, daß heut zu Tage weder in noch außerhalb Frankreich Schaumwein ohne Zucker und Cognac fabrizirt wird, und daß die deutsche und französische Fabrikationsweise mit einander übereinstimmen in allen wesentlichen Stücken.

Damit soll weder die Existenz noch das Verdienst des Dom Pérignon bestritten werden, noch auch die Möglichkeit, daß er das Geheimniß besaß, welches man nach seinem Tode verloren, nämlich die Kunst, auch ohne Cognac und Zucker Schaumwein zu bereiten.

Bemerken muß ich noch, daß die Italiener sich die Erfindung des Schaumweins, des Spumante, vindiciren; und es ist ja wohl möglich, daß Dom Pérignon (Don Perignone), nicht aus Sanct Meinhold (Ménéhout), sondern aus Italien stammte. Dafür spricht die Titulatur „Don", welche im 17. Jahrhundert für Adel und Geistlichkeit in Italien allgemein üblich war. Auch war der französische Vater des Schaumweins ein Benediktiner; und dieser Orden hat seine Wiege und seine Hauptniederlassung in Italien. Sie heißt Monte Cassino (das altrömische Castrum Casinum), wo vormals der heilige Benedictus dem Ostgothen-König Totilas, der ihn durch eine Maskerade vergeblich zu täuschen versuchte, seine Geschicke verkündete.

Der Benediktiner-Orden ist es auch vorzugsweise, der die Kunst des Rebenbaues, der Weinbereitung und der Kellerwirthschaft aus Italien nach dem deutschen und dem französischen Norden getragen. Was z. B. Deutschland anlangt, so war er es, der die ersten Reben an dem Abhang des Johannisbergs, früher genannt Bischofsberg, gepflanzt hat. Jedenfalls ist die Erfindung des hohen, schmalen, nach unten sich spitz vertiefenden Champagnerglases ein großes Verdienst; denn diese Form entspricht vollkommen dem Anblick und der Natur dieses Weins. Das Eingießen desselben in niedrige, breite und glatte Glasschalen, wie es heute Mode, ist in meinen Augen nichts als geschmacklos, wenn nicht barbarisch. «Passerà», sagt der Italiener, d. h. damit wird es gewiß nicht lange dauern.

III.

Vor hundert Jahren etwa finden wir die Schaumwein-Fabrikation in Frankreich noch in demselben zurückgebliebenen Zustand, wie gegenwärtig die des «Vino spumante» in Italien. Die Produktion erreichte damals nicht den zehnten Theil ihres jetzigen Umfangs. Dem entsprechend war auch der Absatz. Er beschränkte sich auf einige Provinzen von Frankreich. Später kam noch Paris dazu. Zur Zeit des ersten Kaiserreichs wurde schon bei Hofe Champagner getrunken. Dieser kaiserliche Hof hatte übrigens, wenn wir den höchst lesenswerthen Memoiren der Frau von Rémusat Glauben schenken dürfen, unter der glänzenden byzantinisch-romanischen Hülle den Ton und die Odeurs der Wachtstube.

Export existirte damals für den Champagner so wenig, wie für andere französische Artikel. Damals florirte die Kontinentalsperre in Frankreich, und ein Land, welches den freien Verkehr unterdrückt und die Einfuhr verbietet, kann auch keine Ausfuhr besitzen.

Die Champagnerausfuhr aus Frankreich hat ihre

höchste Blüthe erreicht in Folge des französischen Handelsvertrages mit England. Sie begann aber überhaupt erst seit dem Kriegsjahr 1814, seit der „ersten Invasion".

Die fremden Kriegsvölker, welche man als die „Barbaren des Nordens" zu bezeichnen liebte, und auch deren Feldherren gewannen diesem bezaubernd süßen, moussirenden Wein Geschmack ab. Man erinnere sich nur an die Verse:

> „Ein echter deutscher Mann
> Kann keinen Franzmann leiden,
> Doch seine Weine trinkt er gern."

Die Kreuzfahrer brachten aus dem Orient ihrer Zeit allerlei neue Speisen und Getränke mit. Ein Manuskript aus dem vierzehnten Jahrhundert, betitelt: „Ein Buch von guter Spis", welches in der Münchener Bibliothek aufbewahrt wird, giebt uns darüber schätzenswerthe Belehrung. Es enthält eine reiche Auswahl von Küchenrezepten, darunter auch manche, welche überschrieben sind: „Ein heidnisch Gericht". Dies sind sarazenische Speisen, darunter eine, welche mit dem heutigen türkischen Pillaf, und eine andere, welche mit dem jüdischen Schalet übereinstimmt. Sowohl Pillaf wie Schalet sind, richtige Zubereitung vorausgesetzt, vortreffliche Gerichte, die man nicht leicht überdrüssig wird.

Die Kreuzfahrer hatten überhaupt viel orientalische Bildung mit und ohne Willen in ihre abendländische Heimath getragen. So weiß die fortschreitende Kultur sich selbst den Krieg dienstbar zu machen.

Aehnlich wie den Franken im Orient ist es den slavischen und germanischen Kriegsvölkern in den Kriegszeiten von 1814 und 1815 in dem romanischen Frankreich gegangen, und da namentlich die Champagne längere Zeit von den „hohen Alliirten" okkupirt war, so haben die Letzteren, in ihre Heimath zurückgekehrt, auch da das tiefgefühlte Bedürfniß empfunden, Champagner zu trinken. Zur Befriedigung desselben mußten sie sich jedoch statt der militärischen Requisition des friedfertigen Handels bedienen. So begann also der Export des französischen Schaumweins. Der Export nach England nahm alsbald einen erheblichen Aufschwung. Man nannte den Stoff damals dort «Sparkling french wine».

In Rußland erzählt man:

Die Firma «Veuve Cliquot» soll ihr großes Renomée der Okkupation Frankreichs durch die Alliirten verdanken. Damals waren vornehme Russen, ich glaube auch Kaiser Alexander I. selbst, bei ihr im Quartier, die sie mit Champagner überschwemmte. Als man ihr über diese Vergeudung einen Vorwurf machte, erwiderte sie, diese Aussaat würde ihr hundertfache Früchte bringen. Das ist auch zugetroffen, denn das Hauptabsatzgebiet der genannten Firma wurde Rußland. Die Veuve Cliquot ist auch „diejenige Dame, von welcher jeder Herr gern einen Korb nimmt". —

In Deutschland beschränkte sich der Konsum damals noch auf die reichsten und die allervornehmsten Kreise. Im Uebrigen war damals unser Vaterland noch zu arm und zu sehr von Zollschranken zerrissen, um sich einen solchen Luxus erlauben zu können. Wenn man in Deutsch=

land auch heute noch in einzelnen zurückgebliebenen Kreisen den französischen Champagner für den erhabensten Luxus der Welt hält und ihn als Getränk gleichsam dem Nektar und der Ambrosia der griechischen Götter gleichstellt, so ist das ein Niederschlag aus jenen Tagen unserer Zerrissenheit und Armuth.

Bekanntlich waren nach 1815 zeitweise außerordentlich hohe Getreidepreise in Deutschland. Wenn ich nicht irre, ist es der bayerische Ritter von Lang, der seinerzeit hochberühmte satirische Verfasser der „Hammelburger Reisen", welcher uns erzählt, daß damals in einzelnen Gegenden Süddeutschlands die Bauern, wenn sie auf dem Markt für ihr Getreide „sündhafte" Preise erzielt hatten, so üppig und übermüthig wurden, daß sie nicht nur den Champagner in Strömen in ihr Inneres gossen sondern ihn auch äußerlich anwandten, indem sie die Räder und Gestelle ihrer Getreidewagen damit abwaschen und reinigen ließen. Hieran ließen sich sehr lehrreiche handelspolitische und volkswirthschaftliche Betrachtungen knüpfen, ich will aber mein bunt bewimpeltes leichtes Weinschiffchen nicht mit solchen schweren Dingen belasten und nur am Schlusse meines letzten Briefes noch einmal darauf zurückkommen.

Erst nach der Aufrichtung des Zollvereins erhob sich Deutschland zu einigem Wohlstand. Früher versicherten die meisten Regierungen: „Unser Land ist ein Agrikulturstaat. Das ist unser Segen. Wir wollen keine Industrie und keinen Handel. Der Handel ist kosmopolitisch und schwächt den Lokal- und Partikularpatriotismus und die wahre Unterthanentreue. Die Fabriken erzeugen Proletariat und das Proletariat macht Revolutionen. Apage!"

Leider vermochte der gepriesene „Agrikulturstaat" nicht einmal genug Getreide zu erzeugen, um seine eigene Bevölkerung zu ernähren. Im Jahre 1816 hatten wir in Deutschland eine Mißernte und in Folge dessen wirkliche, ernsthafte Hungersnoth, in welcher Leute an mangelhafter Ernährung starben und Viele genöthigt waren, statt des Brodes Baumrinde zu mahlen und zu essen. Ich habe diese Zeit aus den Erzählungen meiner Eltern noch lebhaft im Gedächtniß. Die Mehrzahl unserer schnelllebigen Generation scheint nichts mehr davon zu wissen.

Je mehr der Zollverein mit den körperlichen und geistigen Schlagbäumen im Innern Deutschlands aufräumte, desto mehr begannen sich in Deutschland Industrie und Handel zu heben. Wir wurden wohlhabend, und das Champagnertrinken hörte auf, ein Standesprivileg fürstlicher Personen zu sein.

Etwa um dieselbe Zeit begann auch in Frankreich nicht nur die Produktion des Champagners, sondern auch der Export nach dem Ausland einen hohen Aufschwung zu nehmen.

Während des Krieges von 1870 sagte mir ein französischer Champagnerfabrikant:

„Ja, vor dreißig und vierzig Jahren, da waren unsere glücklichen Zeiten. Damals beherrschten wir, ich will nicht sagen alle Welttheile, aber doch den ganzen europäischen Markt. Heutzutage droht uns die deutsche

Contrefaſſon denſelben zu rauben. Unſer Monopol, ja ſelbſt unſere ‚prépondérance légitime' haben wir ſchon heute verloren."

Ich antwortete ihm, daß der deutſche Schaumwein, wenn er unter richtiger Etikette verkauft werde, nicht Contrefaſſon ſei, ſondern ein vollkommen ſo legitimes Produkt, wie der franzöſiſche. Nec pluribus impar! Auch komme Niemanden im internationalen Verkehr ein Monopol zu, und wer darnach ſtrebe, der ſchade ſich ſelbſt am meiſten. In Deutſchland habe der Champagnerverbrauch erſt ſeit Beſeitigung der Zollſchranken und ſeit Ermäßigung der Weinzölle einige Ausdehnung gewonnen, und erſt ſeit Frankreich beginne, ſein Prohibitivſyſtem aufzugeben und den Import fremder Produkte zu geſtatten, beginne ſich auch ſein Export zu heben. Wenn wir keinen Abſatz nach Frankreich hätten, dann hätten wir auch kein Geld, franzöſiſchen Champagner zu kaufen.

Er wollte das Alles nicht einſehen, obgleich es doch wahr iſt. Der Krieg war ihm zu ſehr zu Kopf geſtiegen.

Höchſt intereſſant iſt die Geſchichte der Schaumweinfabrikation und des Schaumweinhandels in Deutſchland. Sie iſt ſehr lehrreich auch für Solche, die niemals einen Tropfen Champagner über die Lippen gebracht haben, noch ſolchen in Zukunft darüber zu bringen geneigt ſind.

Ich will dieſe Geſchichte, die ich, wie Thucydides den peloponneſiſchen Krieg, ſelbſt miterlebt und mitgemacht habe, in dem nächſten Kapitel erzählen.

IV.

Auch die deutsche Schaumweinfabrikation datirt, wie so viele andere nützliche Dinge auf wirthschaftlichem Gebiete, erst aus der Zeit nach Aufrichtung des Zollvereins und der Beseitigung der Schlagbäume im Innern, welche letztere, das sei nur beiläufig bemerkt, zuerst und mit dem größten Nachdruck Joseph Görres gepredigt hat, das heißt als er noch jung war, nämlich 1814 in seinem „Rheinischen Merkur". In seinem Alter las er als Professor der Universität München „katholische Weltgeschichte" und pflegte damit in einem ganzen Semester nicht weiter zu kommen, als bis zum ersten Sündenfall.

Die ersten Schaumweinfabriken von erheblichem Umfang in Deutschland sind im Anfang der vierziger Jahre entstanden, und zwar machten, soviel ich mich erinnere, Koblenz, Hochheim am Main, Eßlingen in Württemberg und Würzburg den Anfang. Es waren die Weine von der Mosel, vom Main und aus den Thälern des Neckars und der Tauber, welche als leichte Kavallerie rekognoszirend vorausrückten. Ihnen folgten erst später die anderen massenhafteren Waffengattungen und endlich das schwere Geschütz aus dem Rheingau. Heute zählt man im Rheingau nicht weniger als fünf große Fabriken; auch findet man deren in Mainz, Trier, Kreuznach, Freiburg im Breisgau, Grüneberg in Schlesien und sogar auch in Sachsen.

Vor vierzig Jahren belief sich die deutsche Gesammtproduktion höchstens auf eine Viertelmillion Flaschen.

Heute ist sie auf fünf bis sechs Millionen gestiegen. Der Werth des deutschen Produkts, das nach dem Ausland geht, soll sich auf mehr als zwei Millionen Thaler belaufen. Zur Fabrikation wird ausschließlich deutscher Wein verarbeitet und zwar meistens frühreifer Rothwein, den man aber weiß keltert. Der Wein, welchen die Champagnerfabriken in Deutschland ankaufen, soll sich auf dreißigtausend Hektoliter belaufen. In Folge dieser Nachfrage sind die zu solcher Verarbeitung tauglichen Weine bedeutend im Preise gestiegen, was für einzelne unserer Weinbaudistrikte sehr in das Gewicht fällt. Auch hier sieht man, wie die verschiedenen Produktionszweige einander wechselseitig unter die Arme greifen und wie thöricht es ist, wenn einige unserer Weinbauern die einheimische Schaumweinfabrikation mit einer halb neidischen und halb verächtlichen Mißgunst betrachten.

Indessen bestätigt es sich auch auf diesem Gebiete, daß Jeder seinen schlimmsten Feind in sich selbst hat und daß man besser thut, statt Andere um Schutz anzuflehen, sich selber zu helfen, dadurch, daß man sich seiner eigenen Fehler entäußert. Möchten doch alle jene großen Weltverbesserer, an welchen wir heutzutage einen solchen Ueberfluß haben, damit beginnen, ein Jeder sich selber zu bessern!

Wenn ein neuer Industrie- und Handelszweig aufkommt, so pflegt er mit Mißgriffen oder Fehlern zu beginnen. Es ist wie beim Kind, das durch Fallen das Laufen lernt. Das ist ganz natürlich. Unnatürlich ist es aber, die Kinderkrankheit bis in ein höheres Alter hinüberzuschleppen. Denn bei Erwachsenen sind Kinderkrankheiten gefährlich.

Die deutsche Schaumweinfabrikation hatte von Haus aus eine große Schwierigkeit zu überwinden. Es war das gleichsam kanonische Ansehen, dessen sich damals noch weit mehr als heute der französische Champagner erfreute und das uns die Konkurrenz außerordentlich erschwerte. Man griff, um diese Schwierigkeit zu überwinden, zu einem verzweifelten Mittel, das für den Augenblick ein wenig geholfen, aber auf die Dauer viel mehr geschadet als genützt hat und unter dessen Nachwirkungen wir heute noch leiden. Man griff nämlich zu falscher Bezeichnung. Bekanntlich hat jede französische Firma nicht nur ihre eigene Etikette, sondern auch ihre eigene Bezeichnung auf den Pfropfen, welch' letztere eingebrannt ist und deshalb „Stopfenbrand" genannt wird. Die deutschen Fabriken ahmten die Etiketten und den Stopfenbrand nach, nicht etwa blos den einer einzelnen Firma, sondern ich möchte sagen, den aller französischen Firmen auf einmal. Jeder Gast- oder Schenkwirth, welcher bei der deutschen Fabrik kaufte, ließ sich das französische Etikettenbuch vorlegen und suchte sich darin aus, was er der Flasche aufgeklebt und dem Stopfen aufgebrannt haben wollte. Entweder suchte er recht große, buntige, gold- und silberverzierte Bilder aus, mit französischen Namen natürlich. Denn so ein bischen Französisch, das ist ja doch gar zu schön. Oder er wählte diejenige französische Marke, die sich in seinem heimatlichen Mottenburg einigen Rufes, wenn auch nur vom

Hörensagen, erfreute. Kurz, haben konnte er Alles und „was gemacht werden konnte, wurde gemacht". Der Wirth hatte dabei Nutzen; denn da der deutsche Schaumwein an sich billiger war und daneben auch noch der Zoll und die Differenz der Transportkosten erspart ward, der Wirth aber den deutschen Wein für französische Preise verkaufte, so stand er sich dabei besser. Der Fabrikant dagegen schlechter, wenigstens auf die Dauer. War nämlich sein deutscher Wein gut, dem er die Marke des französischen Hauses aufklebte, dann machte er Reklame nicht für sich, sondern zu Gunsten des französischen Hauses. War aber der Wein schlecht, dann hieß es: „Bah, das ist ja kein echter französischer Champagner, das ist wieder von der miserablen nachgemachten deutschen Sudelei, der man die französische Etikette aufgeklebt hat. Fort mir ihr!"

Der verstorbene alte Düringer in Wiesbaden, die Perle aller Gastwirthe und einer Lüge absolut unfähig — wenigstens in Weinsachen und mir gegenüber —, hat mir auf Ehrenwort versichert, solche Aeußerungen seien auch über solchen Champagner gefallen, welchen er selbst direkt aus Epernay bezogen hatte und der unzweifelhaften französischen Ursprungs gewesen.

Das war also die Folge des Firmen- und Markenmißbrauchs. War der Wein gut, dann galt er für französisch, auch wenn er deutsch war. War der Wein schlecht, dann galt er für deutsch und wäre er noch so französisch gewesen. Das war der Fluch der bösen That! Man spürt ihn noch heute. Dadurch, daß ich Contrefaçon mache, erkenne ich ja an, daß das nachgemachte

Original besser ist als mein Produkt. Ich ordne mich also dem fremden Fabrikat thatsächlich und freiwillig unter. Es erinnert an die französische Phrase: „Die Heuchelei ist eine Huldigung des Lasters gegenüber der Tugend", oder an den schönen, alten Vers:

> „Des Lasters Bahn ist anfangs zwar
> Ein breiter Weg durch Auen,
> Doch in der Mitte droht Gefahr,
> Am Ende Nacht und Grauen."

Die Contrefaçon ist die Hauptquelle des in meinen ersten Briefen geschilderten Vorurtheils zu Gunsten der unbedingten Superiorität der französischen Schaumweine. Sie müssen wir vor Allem in unserem eigenen Interesse bekämpfen*).

---

*) Wie weit seit jener Zeit, da Deutschland anfing, Schaumwein zu machen und ihn unter der Flagge der Contrefaçon auf dem Markt zu bringen, auch bei uns sowohl die Gesetzgebung, als auch die Sitten Fortschritte gemacht haben, dafür möge folgender Umstand als Beweis dienen.

Herr Daubitz in Berlin, bekannt als Erfinder des Daubitz'schen Liqueurs und als vormaliger Herausgeber der „Staatsbürger-Zeitung", hat eine neue Art von wohlriechendem Wasser erfunden. Anstatt aber dasselbe in irgend eine Verbindung mit dem „Kölnischen Wasser" (auf Deutsch gewöhnlich »Eau de Cologne« genannt) zu bringen, nennt er es „Berliner Wasser". Die Marke trägt sein Facsimile, die Standbilder des Königs Friedrich Wilhelm III. und der Königin Luise, sowie das Brandenburger Thor. Nun die Worte „gegenüber dem Victoria-Bade" erinnern ganz leise an das „Gegenüber dem Jülichs-Platz", das hinsichtlich des Kölnischen Wassers zu so zahlreichen Processen Anlaß gegeben. Hätte er es „Neues Kölnisches Wasser" oder ähnlich getauft, so würde Jeder sagen: „Das alte ist aber doch besser". So aber, bei der ganz neuen Marke, kann er sagen: „Nichts geht über das Berliner, auch nicht das Kölnische Wasser."

Früher hatten die Franzosen kein Mittel, sich der deutschen Schaumweincontrefaçon zu erwehren. Erst der deutsch-französische Handelsvertrag vom 1. Juli 1865 führte gegenseitigen Markenschutz ein, welcher die Nachahmung französischer Fabrikzeichen ausschloß. Heutzutag ist der Schutz durch das neue deutsche Reichsgesetz über den Markenschutz von 1874 noch bedeutend erweitert und befestigt; und wir erleben es von Zeit zu Zeit, daß auch französische Champagnerfabrikanten mit Erfolg Gebrauch davon machen.

Allein auch schon bevor dieß der Fall war, haben einzelne deutsche Fabrikanten aus freier Entschließung der Contrefaçon entsagt oder sie schon bei der Aufrichtung ihres Geschäfts ganz und par principe ausgeschlossen. Soviel ich beurtheilen kann, gab hiezu den hauptsächlichsten Anstoß der Absatz, welchen der deutsche Champagner nach und nach auch auf dem nichtdeutschen Markt fand: in Amerika, in den holländischen und englischen Kolonieen und besonders in Rußland und in England, wo man es liebt, etwas Schweres auf der Zunge zu haben. Auch der Champagnergeschmack ist je nach den Ländern und den Nationen verschieden, und der Fabrikant der Schaumweine muß, wie jeder andere Fabrikant, die Verschiedenheit der Geschmacksrichtung auf den verschiedenen Absatzgebieten berücksichtigen.

Dies geschieht bei dem letzten Akt der Fabrikation, bei dem Dégorgement oder der Enthalsung, welche mir ein deutsch-französischer Fabrikant mit folgenden Worten charakterisirte:

«C'est le dégorgement et après l'apprêture du vin par le cognac et le bouquet, selon le goût et les coutumes des diverses nations plus ou moins cultivées, y compris les Russes et les Turcs», das heißt: das ist die Enthalsung und dann das Zurechtmachen des Weins mittelst Cognac und Bouquet, je nach dem Geschmack und den Gepflogenheiten der verschiedenen mehr oder weniger kultivirten Nationen, mit Inbegriff selbst der Russen und der Türken.

Die Prozedur ist folgende:

Während der Erziehung des Weins, ich erwähnte das schon bei Gelegenheit des Zerspringens der Flaschen und der Essigbereitung, liegt jede Flasche auf einer schiefen Ebene, den Hals nach unten gerichtet. Der Wein ist bekanntlich die reinlichste Substanz der Welt. Er scheidet, mag er nun in dem Faß lagern oder in Flaschen, jede Unreinlichkeit aus, so daß sie einen leicht zu beseitigenden Niederschlag bildet. Dieser Niederschlag sammelt sich in den schief liegenden Champagnerflaschen im Halse. Ist nun die Erziehung des Weines so weit beendigt, so nimmt man jede einzelne Flasche vor und beseitigt die im Hals derselben angesammelten Stoffe durch eine kühne und rasche Schwenkung, welche diese trübe Substanz hinausfliegen macht, so daß nur der vollkommen helle und klare Wein übrig bleibt. Es gehört eine geschickte und feste Hand zu diesem Dégorgiren, damit nicht zu viel und nicht zu wenig hinausfliegt. Ist dies geschehen, so geht man daran, die dadurch entstandene Lücke in der Flasche auszufüllen, und dies ist das Appretiren. Die Zuthat besteht erstens in Cognac, und es muß nothwendig Cognac erster Qualität sein, Cognac fine Champagne, und zweitens in einer Substanz, welche bestimmt ist, dem Wein sein Bouquet und sein Parfüm zu verleihen. Woraus diese Substanz besteht, das ist ein Geheimniß.*)

Je nachdem man diese Substanz so oder so zusammensetzt, je nachdem man mehr oder weniger Cognac, Cognac von diesem oder jenem Charakter, nimmt, erhält der Champagner seine besondere Individualität und Nationalität. Man nennt das façon und unterscheidet façon anglaise, façon allemande, façon russe, façon turque und so weiter.

Der türkische und der russische Geschmack erfordert möglichst viel Cognac.

Ich weiß, Du wirst mich hier fragen:

„Was, die Türken? Die sind ja doch Mohammedaner und die Mohammedaner trinken doch keinen Wein, so steht es im Koran."

Ich will Deinem Einwand zuvorkommen durch Einschaltung einer Notiz über das Trinken der Türken, wie ich solches an Ort und Stelle erkundet.

Wahr ist es, der Koran verbietet den Genuß von Spirituosen. Vielleicht mit Recht. Denn in dem heißen Süden bekommt deren Genuß nicht so gut, wie in dem kalten und nebeligen Norden. Allein die Ge- und Ver-

---

*) Anmerkung: Dies ist, wie ich mich überzeugt habe, nicht ganz richtig. Ich verweise auf den „Technischen Anhang", welcher von einem Manne herrührt, dessen technische Autorität ich hoch über die meinige stelle.   Der Verf.

bote des Koran haben nicht mehr Kraft über die Gläubigen, als die Ge- und Verbote der Bibel. Dem ungläubigen Türken gewährt es sogar eine gewisse Genugthuung, wider den Koran zu verstoßen. Er sucht den Rausch auf kürzestem Wege, indem er Mastika, Raky und andere starke und bösartige Schnäpse in Masse vertilgt. Diese „Effendiwelt" hat sich alle Laster, aber nicht die Tugenden Westeuropas angeeignet. Der gemeine Türke dagegen ist ein Gentleman in jeder Beziehung. Allein selbst der gläubige Türke weiß sich zu helfen. Er trinkt Bier und Champagner, indem er das erstere „Gerstenbrühe" oder „Malzextrakt" und letztern „schäumende Limonade" nennt. Namentlich aber mit dem Wein wird es so genau nicht genommen.

Selbst der persische Anakreon, der berühmte Hafis, ist, obgleich Mohammedaner, ein großer Verehrer des Weines. Seine Lieblingsstadt Schiras weiß er nicht höher zu preisen, als mit den Worten:

"Eine Rose im Flore
Steht vor jedem Thore
In der Stadt Schiras.

Eine Flasche mit Weine
Steht auf jedem Steine
In der Stadt Schiras."

Und in einem andern, noch schönern Gedichte erzählt er uns, er habe vor Zeiten eine schöne Bibliothek besessen, endlich aber, da ihm das Geld ausgegangen, ein Buch nach dem andern verkauft und das Geld in der Weinschenke vertrunken. Er schließt mit der Nutzanwendung:

„O kommt*) und verkauft eure Schriften auch;
Und habt ihr im Kopfe Schriften**),
So löschet sie aus mit des Weines Hauch,
Damit sie nicht Unfug stiften!"

V.

Als vor einigen Jahren der Schah von Persien in Berlin zu Besuch war, hatte ich die Ehre, bei meinem Freunde Dr. jur. Georg Siemens, welcher Persien bereist hat und persisch spricht, den Handelsminister Herrn Ali-Kuli-Khan kennen zu lernen und mich mit ihm, unter verdolmetschendem Beistand des Herrn Siemens, zu unterhalten.

Ich fragte Ali-Kuli-Khan, ob das wohl wahr sei, man erzählte sich in Berlin, der Schah habe in der Galaoper, sitzend in der kaiserlichen Loge, zwischen zwei sehr hochgestellten Damen, den Schuh von seinem linken Fuße gezogen, umgedreht und ausgeschüttet?***).

---

*) Kommt, das ist: „Kommt hierher, in die Weinschenke, wo ich sitze."

**) Noch nicht geschriebene Schriften, das heißt Pläne und Gedanken für Schriften, die ihr noch zu schreiben gedenket, die aber besser ungeschrieben bleiben.

***) Ich erinnerte mich dabei unwillkürlich an jenen bayerischen Hausknecht, welcher vor zwanzig Jahren in den „Fliegenden Blättern" bildlich dargestellt war, wie er einen seiner großen Stiefel auszieht und ausschüttelt. Dabei fällt eine große Lichtputze heraus (damals

Darauf antwortete die persische Excellenz:

„Die Menschen erzählen gar Manches. Aber Allah weiß es besser. Indessen warum sollte die Sache nicht wahr sein? Die Sitten der Völker sind ja verschieden. Wir Perser, wenn wir zu einem vornehmen Herrn gehen, ziehen die Schuhe aus und behalten den Hut auf dem Kopfe. Ihr Deutschen, wenn ihr dasselbe thut, behaltet die Schuhe an und zieht den Hut von dem Kopfe. Was von Beiden ist richtig?"

Ich bewunderte die Weisheit des Persers und bekannte ohne Umschweife, daß ich nicht im Stand sei, darüber zu richten; ich wisse wohl und habe es selber im Oriente erfahren, daß bei schmutzigen Straßen es zweckmäßig sei, die äußere Fußbekleidung abzulegen vor dem Eintritt in das Prunkzimmer, um dort nicht den kostbaren Teppich zu beschmutzen; und daß es desgleichen, wegen Gefahr von Sonnenstich sowohl als von Erkältung, dort gut sei, das Haupt stets bedeckt zu halten und es ohne äußerste Noth weder in noch außer dem Haus zu entblößen.

Ja, die Sitten der Völker sind wirklich verschieden; und wer hat das Recht, darüber zu richten? Kurz, Excellenz Ali-Kuli-Khan hat Recht.

Auch der Geschmack ist verschieden, und schon das

---

in der Zeit der Talglichter, waren diese Instrumente noch üblich), und der Biedere bricht in die Worte aus:

„Hab' I doch schon die ganze Wochen dacht, daß I a Stoanerl (Steinchen) im Stief'l hätt'."

alte lateinische Sprüchwort sagt, über Geschmackssachen sei nicht zu streiten.

Es ist mir schon oft vorgekommen, daß ich als Schiedsrichter angerufen worden bin im Streite darüber, was besser sei, alter deutscher Rheinwein oder französischer Champagner, oder auch bei einem Disput zwischen Anhängern des deutschen und Verehrern des französischen Schaumweins.

In diesem Falle gebe ich stets eine Antwort nach dem System und der Methode des persischen Handelsministers. Nicht etwa, um mich um die Ecke zu drücken und der Beantwortung der Frage feig aus dem Wege zu gehen, sondern aus aufrichtiger Ueberzeugung von der Nothwendigkeit der Mannigfaltigkeit der Dinge und der Geschmäcke. Denn es gäbe ein Unglück, wenn Alle das Nämliche haben wollten.

Man könnte es auch machen wie jener Lotteriekollekteur, welcher in einem Circular an seine Kunden sagte:

„Sie können in Serien spielen oder auch in Klassen, welches Beides seine entschiedensten Vorzüge hat vor einander."

Ich kann nur wiederholen: der deutsche und der französische Champagner — lasse mich hinzufügen: auch der Schweizer und der Steiermärker, denn ich habe bei Neuenburg (Neufchatel) in der Schweiz und bei Graz in der Steiermark Schaumweinfabriken angetroffen, deren Produkt durchaus nicht zu verachten — werden nach derselben Methode bereitet. Der Unterschied besteht also in der Verschiedenheit des Rohstoffs und der verschiedenen kleinen Modifikationen in den Einzelnheiten der Bereitung. Im Uebrigen ist Alles dasselbe.

Der Wein, den die deutschen Schaumweinfabrikanten für das deutsche Geschäft gebrauchen, ist ebenso wie in Frankreich aus rothen Trauben weiß gekeltert. Diese Trauben sind Burgundertrauben in zwei verschiedenen Arten: Früh- und Spätrothe. Erstere reifen selbst in den schlechtesten Jahren. Die Stöcke tragen viele und große Trauben, sie gedeihen selbst auf magerem Landboden, auf dem sonst nur krüppelhafte Fichten wachsen, wenn sie nur hinreichend Dung haben; aber der Wein, den sie liefern, ist läppisch und hat kein Alter. Die Spätrothen sind ein viel vornehmeres Geschlecht; sie brauchen guten Boden und gutes Wetter, liefern dann aber auch einen kernigen und vortrefflichen Wein. Beweis: Ingelheimer und Aßmannshäuser Rother. Viele Bauern an ersterem Ort, so wie überhaupt in der Pfalz und in Rheinpreußen, wo rothe Weine gedeihen, verkaufen ihr Produkt, auf's Viertel oder auf's Pfund, im Herbst an die Champagnerfabriken. Sie haben so für kein Einkellern zu sorgen; Kellerbehandlung, die bei deutschen Rothweinen immer ein heikel Ding ist, und Verkauf des fertigen Weines machen ihnen kein Kopfweh mehr. Eben so wenig das Kreditiren. Vierzehn Tage nach dem Herbst haben sie ihr Geld in der Tasche. Dieser Geschäfts-Modus ist ihnen sehr vortrefflich bekommen und die Rothweinorte sind dadurch in neuerer Zeit erst wohlhabend geworden.

Auch viel Weißwein wird von den Champagnerfabrikanten, hauptsächlich für ihre englischen Weine, im Herbst nach Ohm, Aich oder Viertel gekauft und von ihnen selbst gekeltert. Auf diese Weise ist der Schaum= weinfabrikant sicher, daß er einen vollständig reinen und rationell behandelten Wein erhält, der sich im nächsten Frühjahr bei der „Tirage" in der vortheilhaftesten Weise geltend macht. Durch die Herbstankäufe an rothen und weißen Trauben Seitens der Champagnerfabriken kommt viel baares Geld unter die Bauern, und zwar gerade um die Martinizeit, wo es der Bauer so nöthig hat zur Be= zahlung der Pachtgelder, Zinsen und Steuern. Früher war das anders; denn auf „baar Geld", jährlich zu einem bestimmten Termin, war bei den ärmeren Bauern nicht zu rechnen.

Selbst auf die Gefahr hin, daß Du mir „Meidinger!" zurufst, muß ich Dir doch zur bessern Illustrirung eine Frankfurter Geschichte erzählen.

In dem bei Frankfurt am Main gelegenen Orte Bornheim (sprich: „Bernem") fand alle vierzehn Tage eine Konferenz der in der Umgegend wohnenden Geist= lichkeit statt. Ein Zufall oder ein Mißverständniß führte eines Tages den Doktor H., welcher als Arzt wie als Humorist gleich berühmt ist, in die Versammlung, die in einem Wirthshaus abgehalten wurde. Er leistete der Einladung, zu bleiben und an dem gemeinschaftlichen Essen theilzunehmen, bereitwillig Folge und gab wäh= rend der heitern Unterhaltung, die sich bei letzterem ent= spann, den geistlichen Herren ein Räthsel auf: „Wie kommt es, daß die Bernemer Bäcker die Brödercher

(Milchbrode oder Semmel) größer backen als die Frank=
furter?"

Man rieth vergeblich. Endlich, da Niemand das
Richtige zu rathen vermochte, gab's der Doktor auf mit
den Worten: „Nu, das is doch sehr ääfach, se nemme
mehr Dääg drzu" (das ist doch sehr einfach, sie nehmen
mehr Teig dazu).

Aehnlich verhält es sich auch bei dem Schaumwein.
Es kommt nicht nur auf die Griffe und Kniffe der Fa=
brikation an, sondern in erster Linie auf den „Dääg",
auf den Teig, das ist darauf: welchen Rohstoff nimmt
man zu der Bereitung?

In Deutschland nimmt man aber auch in verschie=
denen Fabriken weit schwerere und vollere Weine, als in
Frankreich. Der rheinische Rieslingwein zum Beispiel
liefert einen kräftigeren und weniger süßen Champagner,
und dieser findet großen Anklang in England, wo man,
wie mir scheint, mit Recht, das heißt mit Rücksicht auf
das Klima und die Witterung, die schweren Getränke
vorzieht.

Auf dem englischen Markt haben zuerst die deut=
schen Fabrikanten einen kräftigeren und weniger süßen
(trockenen) Wein gebracht, und dieser hat auch dort volle
Anerkennung gefunden. Denn die Art, wie die Eng=
länder moussirende Weine (deutsche oder französische) kon=
sumiren, ist von der unseren grundverschieden. Dort ser=
virt man sie bei den Mittelschüsseln des Diners, die meist
stark gepfeffert und nie süß sind, während bei uns der
Champagner beim Nachtisch, bei Kuchen und Eis ge=

geben wird. Zu diesen würde ein trockener Schaumwein abscheulich schmecken, während er zu Currie u. s. w. vortrefflich paßt. Das haben sich die großen Häuser der Champagne, durch intelligente Agenten dazu gedrängt und vielfach erst nach langem Widerstreben, gemerkt, und sie schicken jetzt einen Wein nach England, der an Trockenheit (Abwesenheit von Zucker) selbst gewöhnliche stille Weine, z. B. Rheinweine, weit überragt: der Geschmack für «dry wines» ist „fashionable" geworden.

Dazu hat auch die jeunesse dorée von England ihr Theil mit beigetragen. Früher tranken diese holden Jünglinge, wenn sie Nachts um fünf oder sechs nach schweren Libationen zu Bett gekommen waren, am nächsten Morgen Brandy und Soda. Der ganz trockene moussirende Wein hat ihnen diesen Freund in Katzenjammersnöthen vortrefflich ersetzt, denn es ist nicht zu leugnen, daß er aristokratischer und zugleich bekömmlicher ist, als alle Mischungen von Schnaps und kohlensauerem Wasser.

Zu dieser knüppeltrockenen Aufmachung eignen sich natürlich nur Weine, die einen bedeutenden „Körper" haben, von den Champagnern nur ganz reife Jahrgänge, wie 1868 und 1874; denn bei der «dosage» von wenigen Prozenten läßt sich durch den Liqueur nichts gut machen. Daß unsere feinen deutschen (namentlich Rheingauer) Riesling-Weine eine solche Aufmachung vortrefflich ertragen, leuchtet jedem Weinverständigen sofort ein. Werden wir die Manie der trockenen Weine in Deutschland wohl auch noch einmal bekommen? Die Spanier pflegen bei derartigen Fragen an die Zukunft bedächtig zu sagen: «Hombre quien sabe?»

Ich erinnere mich, daß 1862, zur Zeit der zweiten Weltausstellung in London, in derselben zwei große Champagnersalons bestanden, der eine für „Sparkling=Hock", das heißt für moussirenden Rheinwein, der andere für „Sparkling=Champagne", das heißt für französischen Schaumwein, und daß die Engländer und auch verschiedene Kontinentale dem ersteren den Vorzug gaben. Jedenfalls machten die Verkäufer des Sparkling=Hock bessere Geschäfte; und ich habe alle Ursache zu glauben, daß dies an der kräftigeren, und trockeneren, gezehrteren Beschaffenheit ihres Weines lag.

Im Uebrigen will ich Dir ein Beispiel erzählen, wie wenig, und vor Allem in Champagner=Geschmacksangelegenheiten, selbst die besten Zungen für unfehlbar gelten können. Zugleich mag es ein Beweis sein, wie sehr jener alte Oberappellations-Gerichtspräsident Recht hatte, als er ausrief:

„Wenn schon der Einzelrichter irren kann, um wie viel mehr nicht ein ganzes Kollegium?"

Es sind wohl schon drei Lustra. Ich wohnte damals noch in Wiesbaden. Eines Abends hatte sich in unserer Gesellschaft ein Streit über Champagner erhoben. Die Streitenden theilten sich in zwei große Heerhaufen: auf der einen Seite war das Feldgeschrei „Frankreich", auf der andern „Deutschland". Aber jeder dieser Heerhaufen theilte sich wieder und barg in seinem Schooß einen Krieg Aller gegen Alle. Der war für «Veuve Cliquot», der

Andere für «Montebello», der Dritte für «Röderer carte blanche» und so weiter. Auf deutscher Seite schwärmte der Erste für Ewald in Rüdesheim, der Zweite für Müller in Eltville, der Dritte für Hochheim, der Vierte für Grüneberg, der Fünfte für Koblenz und so weiter.

Der Siebente endlich versicherte, in dieser Fragestellung lasse sich die Sache gar nicht entscheiden, man müsse auch die Zuthaten mit in Betracht ziehen, welche möglicherweise mit dem Schaumwein gemischt werden könnten.

„Ich zum Beispiel", so rief er, „bin aus Würzburg. Dort haben wir eine Champagnerfabrik von Silligmüller. Diesen Champagner trinken wir gemischt mit Selters- oder einem andern ähnlichen Mineralwasser; und dieses Getränk nennen wir ‚Schurrle-Murrle'. Ich will nun zwar nicht mit aller Bestimmtheit behaupten, dieser Champagner von Würzburg sei der beste von allen. Aber die Mischung, genannt Schurrle-Murrle, ist das feinste Getränk dieser Erde, und namentlich im Sommer, wenn es recht heiß ist."

Endlich, um des Streitens ein Ende zu machen, schlug ich vor, wir wollten einen Tag bestimmen, an welchem wir zusammenkämen, um ein Wettrennen und ein Preisgericht über die verschiedenen Sorten von Weinen zu halten; Jeder möge das Beste, was er habe, eine Sorte oder mehrere, wie er wolle, mitbringen, und ein Kollegium von drei Preisrichtern möge entscheiden. Der Vorschlag wurde angenommen, und ein Jeder sah mit Spannung dem großen Tage entgegen und wählte das beste Pferd aus seinem Stalle, das heißt den besten Champagner aus seinem Keller.

Mein verstorbener Freund Fritz Lang aber hatte einen kostbaren Einfall. Er hatte viel Sinn für harmlosen Schabernack und liebte es vornehmlich, renommirende Would-be-Kenner auf das Glatteis zu führen.

Ohne Jemanden außer mir mit in das Geheimniß zu ziehen, fuhr er nach einer benachbarten Champagnerfabrik, welche damals noch, wie ich es bereits erzählte, alle Etiketten Frankreichs und „alle Wohlgerüche Arabiens" gebrauchte. Er kaufte dort sechs Flaschen Schaumwein und ließ, obgleich der Inhalt derselben Alles von einem Jahrgang und sogar von einem und demselben Gebräu (beim Schaumwein nennt man es «Cuvée») war, auf jede Flasche eine andere Etikette ankleben, eine schöner, eine wohllautender, eine gloriofer als die andere. Der Gesammteindruck war, wenn nicht herzzerreißend, dann doch sinnbethörend.

Der Tag kam. Es wurden im Ganzen fünfundzwanzig Sorten vorgeritten, und sowohl von den drei Preisrichtern, die wir mittelst Stimmzetteln gewählt hatten — denn die Sache wurde in der That sehr parlamentarisch und ernsthaft betrieben — als auch von uns Anderen, das ist von dem „Umstand" oder dem «profanum vulgus», mit Sorgfalt geprüft und gekostet. Dann schritt man zur Klassifizirung. Seltsam! Von den sechs Flaschen meines Freundes Lang — alle derselbe Wein, nur mit verschiedenen Etiketten — erhielt eine Flasche die erste und eine andere die letzte der fünfundzwanzig Qualifikationsnummern; die übrigen waren dazwischen zerstreut. Es war also der nämliche Wein der beste und der schlechteste, und es war überhaupt dieser deutsche Wein durchschnittlich höher arbitrirt als der französische, obgleich von den drei Preisrichtern zwei dem französischen Champagner par principe den Vorzug einräumten.

Nachdem die von den Preisrichtern festgesetzte Rangordnung feierlich verkündigt war, erbat sich Fritz Lang das Wort, bekannte den Schabernack, den er verübt hatte, und legte zum Beweis desselben eine Bescheinigung des Schaumweinfabrikanten vor, bei welchem er die sechs Flaschen von einerlei Inhalt und verschiedenen Etiketten gekauft hatte. Er schloß seine, von den Preisrichtern mit Unwillen und von uns Anderen mit frenetischem Beifall aufgenommene Rede mit einem Citat aus dem unsterblichen Buch von Cervantes, in welchem Sancho Pansa sich des spanischen Sprüchwortes bedient:

„Sie haben zwar verschiedene Halsbänder, aber es sind immer die nämlichen Hunde!"

VI.

Quod erat demonstrandum! Ich glaube also in Obigem überzeugend nachgewiesen zu haben, daß es ein großer Irrthum ist, wenn man glaubt — und wie Viele glauben das immer noch in Deutschland! — nur der französische Champagner sei der wahre und „echte".

Allerdings sind, wie ich das in meinem vierten Briefe ausführlich dargethan habe, die deutschen Champagnerfabrikanten selber die Urheber dieses Irrthums.

Hätten sie nicht in einer kurzsichtigen Verblendung anfangs zu falschen französischen Etiketten gegriffen, dann wäre dieser Irrthum wohl schwerlich entstanden. Erst als sie den nichtdeutschen Markt, namentlich den englischen, erobert, sind sie von jener Verblendung zurückgekommen. Ein neuer Beweis, daß der Welthandel, welchen der Fürst Bismarck als „egoistisch" bezeichnet — als wenn nicht jede wirthschaftliche Thätigkeit, auch die des Latifundienbesitzers, egoistisch wäre und egoistisch sein müßte, was aber durchaus nicht ausschließt, daß sie gemeinnützig zugleich ist! — daß der internationale Welthandel, sage ich, einsichtsvoll, moralisch und klug macht.

Heutzutage fahren die großen und soliden deutschen Schaumweinfabrikanten alle unter eigener Flagge.

Freilich spürt man immer noch die Nachwirkungen der alten schlechten Gepflogenheit und Gewohnheit. Denn die Menschen begreifen nur langsam, und die Gewohnheit ist, wie Schiller sagt, „ihre Amme".

Es wird also noch eine geraume Zeit dauern, bevor der deutsche Champagner oder richtiger „Schaumwein" nicht nur im Ausland, sondern auch in dem deutschen Inland jene Vorurtheile überwunden hat, welche ihm noch aus der Zeit des Gebrauchs und des Mißbrauchs der falschen französischen Marken anhaften.

In Deutschland herrscht die Uebung, zu sprechen von „dem Schatten, welchen die zukünftigen Ereignisse vor sich her werfen". Zur Abwechslung sollten wir einmal sprechen von „dem Schatten, welchen die vergangenen

Dinge hinter sich her werfen". Dafür sprechen folgende Gründe:

Seit dem Jahre 1870 herrscht in einzelnen deutschen Kreisen eine Art von sonderbarem Chauvinismus, welcher uns zuweilen verführt, uns für das auserwählte Volk Gottes zu halten. Da eine solche Selbstüberhebung dumm macht und auch aus sonstigen zahlreichen Gründen nicht gut ist, so schadet es nichts, zuweilen auch unsere nationalen Schwächen zu betonen.

Unter dieselben rechne ich unsere Neigung, unsere Gegenwart auf Kosten der Vergangenheit und unsere eigenen Produkte auf Kosten derer des Auslandes herunterzusetzen. Ausländerei und Chauvinismus in dem nämlichen Athem!

Wir werden nicht müde, von der „guten alten Zeit" in Deutschland zu sprechen, während wir „alten Herren", die wir diese Zeiten schaudernd selber erlebten, nicht anders sagen können als: sie waren miserabel.

Wenn ein Gewerbe-Professor von unseren gewerblichen Erzeugnissen in seiner Eigenschaft als Reichsvertreter bei einer amerikanischen Weltausstellung ausposaunt, sie seien „billig und schlecht", so klatschen wir ihm in unserer Verblendung frenetischen Beifall. Wir haben immer noch die unverständige Redensart: „Es ist nicht weit her", und Viele von uns glauben in der That noch, wenn etwas aus dem Land der Karaiben und Huronen herkomme, so müsse es besser sein, als unsere eigenen Produkte.

Ich habe mich darüber in meinem kürzlich erschienenen Buche: „Deutsche Landschafts- und Städtebilder" (Glogau, Flemming, 1880), ausführlich verbreitet und bitte Dich, es dort nachzulesen, dann spare ich die Mühe, es hier nochmals aufzuschreiben. Gehen wir doch, um nur ein Beispiel zu erwähnen, so weit, daß wir den Allgäuer Käse, ein echt deutsches Produkt, beharrlich „Schweizerkäse" nennen und ihn vielleicht verschmähen würden, wenn er als Bayerischer Käse, das heißt, wenn er richtig etikettirt würde. Bei uns gilt nicht nur der Prophet nichts in seinem eigenen Lande, sondern nicht einmal der Käse.

Wie stimmt das nun wieder zu dem erwähnten Chauvinismus und zu jener Selbstüberhebung, welche uns zuweilen bei unseren Nachbarn verhaßt macht?

Um aber wieder auf den deutschen Champagner zurückzukommen, so ist derselbe dem französischen vollkommen ebenbürtig, und diese Thatsache ist überall in Europa anerkannt, nur noch nicht in Deutschland, wo man, wie gesagt, jeden Tag von sonst ganz verständigen und unterrichteten Menschen die seltsamsten Aeußerungen darüber hört, namentlich die, der französische sei der „echte" und der deutsche der „nachgemachte" oder der „falsche", während doch, wie ich Dir gezeigt habe, beide ganz auf die nämliche Weise entstehen oder, wenn Du lieber willst, gemacht werden und daher — ebenfalls ganz wie Du willst — beide entweder echt oder falsch sind. Der Unterschied zwischen beiden beruht nur theils auf Verschiedenheiten der „façon", theils auf der Charaktereigenthümlichkeit der verschiedenen Rohprodukte, das heißt der natürlichen oder der „stillen" Weine, woraus der eine und der andere fabrizirt wird. Aber Fabrikate sind sie alle beide. Das steht außer Zweifel.

So wie die Dinge heutzutage liegen, wäre es für das deutsche Produkt vielleicht das Beste, auf den Namen Champagner großmüthig ganz zu verzichten und sich einfach „deutschen Schaumwein" zu nennen. Das alberne Gerede von „falschem Champagner" hätte dann auch nicht den Schatten eines Sinnes mehr; auch würden die Täuschungen der Gast- und Schenkwirthe, die so viel dazu beigetragen haben, das deutsche Produkt zu diskreditiren und seinen Verschleiß in falsche Bahnen zu lenken ein natürliches Ende erreichen. Jeder würde wissen was er trinkt, und demgemäß auch bezahlen. Die Fabrikanten der deutschen Schaumweine sollten sich jeder mit einer bestimmten Marke eintragen lassen und nur unter dieser Marke fabriziren und verkaufen. Dann würde der Beste obenauf kommen und auf dem deutschen Markt dieselbe Anerkennung finden, die sich der deutsche „Sparkling Hock" auf dem englischen schon errungen. An schönen Namen kann es ja nicht fehlen. Können wir nicht statt Veuve Cliquot, Comte de Jouffroy, Duc de Montebello und so weiter, auf welche Namen wir nicht das geringste Recht haben, sagen: Mosella, Moguntia, Rhenus, Franconia, Silesia (Grüneberg), Johannisberger Schaumwein, Riesling-Schaumwein, Sparkling Hock oder Hochheimer Schaumwein, Nec soli cedo, Nec pluribus impar, Milch der frommen Denkungsart, Gährendes Drachenblut, Haimonskinder-Milch, Kaiser Octavianus,

Gehörnter Siegfried, Großer Bismarck und so weiter? Alles doch Marken, die uns kein Mensch streitig machen oder abjagen kann, wenn wir sie nur gehörig in das Markenregister haben eintragen lassen! Und wenn wir statt Duc de Montebello etwa „Fürst Blücher" oder eine ähnliche Marke tränken, dann hätten die Redensarten vom „gefälschten Champagner" für immer ein Ende. Vorerst, ich weiß es, ist mein unmaßgeblicher Vorschlag nur eine patriotische Phantasie; auch bin ich weit entfernt, Herrn von Puttkamer anzurufen, daß er meiner Reform dieselbe Unterstützung angedeihen lasse, wie dem orthographischen Reformwerk. Ich rechne nur auf die Macht der bessern Einsicht und auf das namentlich im internationalen Verkehr glänzend bestätigte Sprüchwort: „Ehrlich währt am längsten."

Das kaiserliche statistische Amt in Berlin oder, wie man gewöhnlich sagt, das statistische Bureau für Deutschland, könnte sich ein großes Verdienst erwerben, wenn es uns mit einer genauen Statistik über Schaumwein-Produktion und -Verkehr versehen wollte.

Eine solche Luxusstatistik hat ein ganz besonderes Interesse. Sie gewährt einen Maßstab für Vorschritt oder Rückgang des wirklichen oder vermeintlichen Wohlstandes. Wenn es den Leuten wohl geht, oder wenn sie in Folge einer Art Sinnestäuschung, wie solche ja auch auf dem Gebiete des wirthschaftlichen Lebens so häufig vorkommt, glauben, reich zu sein oder im Sturmschritt reich zu werden, dann glauben sie gar nicht genug Champagner trinken zu können. Erinnere Dich nur an die

Geschichte von den bayerischen Bauern, die ich Dir in meinem dritten Briefe erzählte. Wenn es dann aber wieder bergab geht, so ist der Champagner derjenige Artikel, an welchem die Leute zuerst zu sparen beginnen. Auch in Kriegszeiten, und wenn es noch so viel Siege zu feiern giebt, wird nur wenig davon getrunken, es sei denn im Lande des Feindes, wo jedoch der Konsum gewöhnlich stärker ist als die Bezahlung...

Doch ich will hier abbrechen. Ich habe zwar noch viel auf dem Herzen, aber ich darf Deine Geduld nicht mißbrauchen; und wer gelesen sein will, der soll zwar womöglich Alles und noch Einiges wissen, aber er soll niemals versuchen, Alles auf einmal zu sagen, denn sonst wird er so langweilig wie unsere Philosophen.

Jedenfalls, mag meine Darstellung auch formell so mangelhaft sein wie sie will, ich hatte die Absicht dabei, die Wahrheit zu sagen, getreu dem Sprüchwort: «In vino veritas!», im Wein wohnt Wahrheit.

Technischer Anhang.

(Aus der Feder eines Fachmannes.)

Technischer Anhang.

Moussirende Weine unterscheiden sich von stillen Weinen dadurch, daß sie eine bedeutende Quantität Kohlensäure enthalten, welche durch den Druck des Gases selbst von dem Weine in Lösung gehalten wird. Je stärker der Druck, desto mehr Gas wird von dem Wein aufgenommen. Dalton'sches Gesetz: „Die Gewichtsmenge eines unter einem gewissen Druck in einer Flüssigkeit gelösten Gases steht in direktem Verhältniß zu diesem Druck" (gleiche Temperatur vorausgesetzt). Wird der Verschluß gelöst, in unserem Falle also die Flasche geöffnet, so sucht die Kohlensäure sofort zu entweichen: sie steigt andauernd in unzähligen Bläschen zur Oberfläche und bildet dort jenen feinen weißen Schaum, welcher einer der charakteristischen Eigenschaften eines gut gearbeiteten moussirenden Weines ist. — Die leichte Explosion beim Oeffnen der Flasche, die nöthige Vorsicht beim Einschenken und endlich die „Arbeit" des Weines in den Gläsern bilden jenes wohlbekannte kleine Schauspiel, welches wesentlich dazu beigetragen hat, den moussirenden Weinen (Champagner) ihre große Popularität zu verschaffen. Das Verfahren, durch welches die Kohlensäure in der gewollten Menge im Wein erzeugt und darin zurückgehalten wird, ist folgendes:

Kohlensäure und Alkohol sind die beiden Produkte der weinigen Gährung zuckerhaltiger Flüssigkeiten. Nebenher fallen feste Bestandtheile aus der gährenden Flüssigkeit zu Boden und diese müssen später wieder beseitigt werden; wir kommen unten darauf zurück. —

Es handelt sich also darum, daß der moussirend zu machende Wein die nöthige (nicht zu große und nicht zu kleine) Quantität Zucker enthält. Ist der Zuckergehalt nicht hinreichend, so muß Zucker zugesetzt werden, ist er zu groß, so würde er ein wildes «Moussé» (Geschäume) erzeugen, welches die Flaschen sprengen würde, und deshalb ist ein solcher Wein für die Fabrikation nicht verwendbar. —

Dieser Fall aber tritt beim Most ein und daher kann man nur Weine verwenden, welche ihre erste Gährung auf die gewöhnliche ordnungsmäßige Weise im Faß durchgemacht haben. Alle moussirenden Weine sind also das Produkt einer zweiten Gährung des Weines. — Hieraus geht hervor, daß jeder Wein moussirend gemacht werden kann, da sich in jedem Weine durch Zusatz von Zucker Kohlensäure entwickeln läßt. Es giebt also nicht bestimmte Arten von Weinen, die ausschließlich ein natürliches Talent zum Moussiren mit auf die Welt bringen.

Nachdem der Wein seine erste Gährung durchgemacht und hell geworden ist, wird ihm soviel Zucker zugesetzt, als nöthig ist, um in der zweiten Gährung die gewollte Menge Kohlensäure zu erzeugen. Das Quantum Zucker richtet sich nach der Menge des Zuckers, die der Naturwein ursprünglich besaß, so daß einem reifen und süßen Jahrgang weniger Zucker zugesetzt wird, als einem weniger reifen und sauren.

Um eine größere Partie Mousseux herzustellen, die vollkommen gleichartig ist, wird (vor dem Zuckerzusatz) eine Anzahl Fässer Wein verstochen; einen solchen Zusammenstich nennt man ein «Cuvée». Dann wird der Zucker, in Wein gelöst, zugesetzt und der also präparirte Wein auf Flaschen gezogen: das ist die „Füllung". Man beginnt dieselbe nicht vor Eintritt des warmen Wetters im Vorsommer, und sie soll vor Beginn des Herbstes beendet sein; denn die Luftwärme ist ein bedeutender Faktor für den normalen Verlauf der Gährung. Die Flaschen, im Füllungsraum aufgesetzt, zeigen schon nach wenigen Tagen eine Trübung, welche zusehends stärker wird; die verschiedenen im stillen Wein löslichen Bestandtheile werden jetzt unlöslich und legen sich auf den Wänden der horizontal lagernden Flaschen ab und an. Gleichzeitig beginnen diese zu brechen, und wenn der Bruch stärker wird, dann werden die Weine aus dem Füllungslokal durch einen Aufzug in möglichst kalte Keller befördert. Durch die niedrige Temperatur — ein guter

Keller soll nicht wärmer als 8—9° R. werden — verläuft die Gährung, und daher auch die Kohlensäure-Erzeugung, langsamer; der Bruch wird weniger häufig und das Gas entwickelt sich in kleineren Bläschen. Diese kleineren feinzertheilten Bläschen nun sind später, wenn der Wein fertig ist, dem Aussehen desselben von großem Vortheil, da sie weniger leicht platzen — mehr Co- und Adhäsion haben — als größere und sich nach dem Aufsteigen an den Rand des Glases anlegen und dort den weißen Rahm bilden, den der kluge Zecher ungern entbehrt, und der auch in der That recht hübsch aussieht. Auch die Frage der Gläser ist, beiläufig gesagt, sehr wesentlich für die Erscheinung eines hübschen „Moussés". Gläser mit hohem, hohlem Stiel sind am vortheilhaftesten, besonders wenn sie ganz trocken sind und eine ganz kleine Spur — ich möchte sagen, eine Idee — von Staub im Innern enthalten. In frischgeschwenkten Gläsern moussirt jeder Wein schlecht, und Cosmétique im Schnurrbart des Trinkers, und wäre es auch noch so wenig, vernichtet jedes «Moussé»; es übt im Kleinen denselben Einfluß, wie das Ventil für Fett am Vacuum der Zuckerfabriken. Das wissen nur Wenige, und doch ist es so wichtig für Viele. Die frischgeschwenkten Gläser haben im Innern eine ganz glatte Oberfläche, während sich an den Staubpartikelchen der trockenen die Kohlensäure-Bläschen aufschneiden, in die Höhe steigen und andere mit sich fortreißen. Wie oft macht man nicht die Bemerkung, daß Gläser, aus derselben Flasche zu derselben Zeit und auf dem nämlichen Tische vollgeschenkt, ganz verschieden moussiren. Auch die Temperatur ist hierbei von wesentlichem Einfluß. Wenn man hochpreisige Clicquot's und Roederer's hübsch in gestoßenem Eis servirt, die billigen deutschen Stiefkinderchen hingegen ohne Toilette lauwarm auf den Tisch bringt, so hat man allerdings Gelegenheit, die Bemerkung zu machen, daß die „Echten" doch ganz anders moussiren als die „nachgemachten Deutschen". —

Kehren wir zurück zu der Behandlung der Weine von der Füllung an, die wir oben geschildert.

Die gefüllten Flaschen werden jetzt ruhig ihrer weiteren Entwickelung überlassen; die Gährung schreitet langsam fort; allmählich wird die Flüssigkeit in der oberen Hälfte der Flasche hell, und der Bodensatz zieht sich immer fester und tiefer an der unteren Wandung zusammen. Hat derselbe einen gewissen Grad von Consistenz erreicht, so sind die Flaschen für die weitere Bearbeitung reif. Dieser Prozeß ist ein ziemlich langwieriger; er dauert von mindestens 12 bis zu 24 Monaten und hängt von der Natur des verarbeiteten Weines ab. Ist nun der Wein so weit gediehen, so handelt es sich zuerst darum, den Bodensatz in eine Lage zu bringen, welche es ermöglicht, ihn aus der Flasche zu entfernen. Zu diesem Ende werden die Flaschen auf Tafeln gesteckt, welche die Form eines steilen Daches haben und schräg durchbohrt sind, so daß die Flaschen mit dem Hals durch die Tafeln gehen, mit dem Stopfen nach unten. In dieser Lage werden sie täglich gerüttelt, d. h. ein paar Mal um ihre Axe gedreht: der Bodensatz am untern Rand der Flasche wird dadurch langsam in Bewegung gesetzt, bis er schließ=

lich auf dem Stopfen liegt nnd die Flüssigkeit vollkommen hell ist. Dieser Prozeß erfordert viel Sorgfalt, denn bei unvorsichtigem Rütteln wird der Wein niemals vollkommen glanzhell. Die Arbeit des Rüttelns dauert von vierzehn Tagen bis zu vier Wochen; ob der Wein sich schnell oder langsamer rüttelt, hängt lediglich von der Natur des Bodensatzes ab.

Wenn der Wein fertig gerüttelt ist, werden die Flaschen mit dem Kork nach unten in kleine Körbe gethan und an den Platz gebracht, wo das Dégorgement (Abspritzen) erfolgt. Die Operation ist folgende: Der Arbeiter nimmt die Flasche — immer mit dem Kopf nach unten — in die Hand, löst Draht und Kordel und zieht den Kork mit einer Zange leicht an. Die Kohlensäure drückt nach und der Stopfen fährt mit einer kleinen Explosion und Detonation in das vor dem Arbeiter aufrecht stehende, vorn ausgeschnittene Faß. Gleichzeitig mit dem Stopfen wird aber auch der vielbesprochene Bodensatz herausgeschleudert, und mit ihm eine kleine Menge Wein. Der Arbeiter reinigt die Flasche am Hals, besieht sie am Licht und verschließt sie mit einem provisorischen Stopfen. In neuerer Zeit hat man diesen durch eine Vorrichtung — „Triller" genannt — ersetzt. Diese Vorrichtung hat oben einen Gummistopfen, unten aber eine Feder, welche die Flasche gegen den Stopfen drückt. In diesem Zustand — nach dem Dégorgement — schmeckt der Wein vollständig herb, da jedes Atom Zucker — der bei der Ziehung zugesetzte, wie auch der in dem Naturwein enthaltene — durch die Gährung in Alkohol und Kohlensäure übergeführt worden ist. Um den Wein mundgerecht zu machen, muß ihm also wieder Zucker zugeführt werden; dieses geschieht durch den „Liqueur". Das technische Wort „Liqueur" bedeutet in der Champagnerfabrikation: im Wein aufgelösten weißen Kandiszucker, welcher manchmal — aber nicht immer — einen kleinen Zusatz von Cognac erhält. — Mit dem „Liqueur" hat man in früherer Zeit viel eitel Mysterium getrieben: man hat ihn gekocht, vielerlei komplizirte Rezepte gegeben von zuzusetzenden südlichen Weinen, von Fruchtsäften u. s. w. Das ist, gleich dem alchymistischen Lebens-Elixier und anderen derartigen Künsten, jetzt Alles längst aufgegeben, das einzige Kunststück besteht darin, daß man für jedes „Cuvée" den entsprechenden Wein für den Liqueur richtig auswählt: Weine, die von Natur etwas zu dünn sind, bekommen einen volleren, recht volle Weine aus hervorragenden Jahrgängen einen zarteren Liqueur.

Der Zusatz des Liqueurs geschieht durch eine kleine Maschine; oben wird eine Flasche Liqueur eingesetzt, aus der die Flüssigkeit in einen Cylinder steigt, in dem die Quantität des zuzusetzenden Liqueurs regulirt wird, so daß eine Flasche genau dieselbe Menge enthält, wie die folgende; außerdem hat sie eine Vorrichtung, welche die aus der Flasche aufsteigende Kohlensäure entweichen läßt. Alles Metall ist stark versilbert, zur Verhütung von Grünspanbildung.

Die „dosirte" Flasche kommt jetzt wieder in einen Triller, um dann mit einem neuen Korken versehen zu werden. Dieser zweite Stopfen spielt eine große Rolle in dem ferneren Lebenslauf der Flasche bis zu ihrem seligen Ende, d. h. bis sie aufhört, als Individuum zu existiren, bis sie getrunken ist. Ist der Kork schlecht, so ist der beste Mousseux werthlos. —

Zweierlei Art sind die verhängnißvollen Untugenden der Stopfen: sie können einmal dem Weine jenen bekannten unangenehmen Geschmack mittheilen, welchen man mit den Worten bezeichnet: „die Flasche schmeckt nach dem Pfropfen", was auch bei nicht moussirenden Weinen vorkommt. Sie können andererseits aber auch undicht sein und die Kohlensäure entweichen lassen. Im ersteren Falle schmeckt der Wein schlecht, im andern moussirt er nicht: in beiden Fällen ist er unbrauchbar.

Weil in Betreff der Stopfen, (deutsch auch „Kork" oder „Pfropfen" genannt; englisch: «Cork» oder «Stopple»; französisch: «Bouchon»; italienisch: «Turaccio» oder «Turacciolo») im Publikum mancherlei Unklarheit herrscht, so wollen wir hier etwas näher auf diese wichtige Frage eingehen. Die Ursache des Stopfengeschmacks ist (nach den ersten Autoritäten) folgende: Nachdem in den Korkeichenwäldern Cataloniens das Korkholz — der äußere Theil der Rinde der Korkeichen — geschnitten ist, wird dasselbe im Walde aufgesetzt, ähnlich wie bei uns eine Klafter Buchen- oder Tannenholz. Wenn man nun versäumt, der unteren Lage Korkholz eine gehörige Unterlage zu geben, so saugt dieselbe aus dem Waldboden Feuchtigkeit und wahrscheinlich Sporen an, welche später jenen muffigen*) Geruch und Geschmack erzeugen. Da das Korkholz vor dem Schneiden vollkommen trocken sein muß, so verliert sich der Geruch vollständig, entwickelt sich aber später wieder, wenn der Kork einige Zeit in der Flasche mit dem Weine in Berührung gewesen ist. Daraus geht hervor, daß weder der Stopfenhändler, noch der Champagnerfabrikant irgend welche Schuld hat, wenn der Wein durch Stopfengeschmack unbrauchbar geworden ist. Anders verhält es sich, wenn die Stopfen durchlassen. Hat das Korkholz Saftadern gehabt, so greift der Wein bei längerer Berührung mit dem Korken diese Stellen an; sie schnurren ein und nach einiger Zeit lassen sie unter dem Druck der Kohlensäure die Flüssigkeit durch. Die Flaschen werden leck, und schließlich entweicht auch der größere Theil der Kohlensäure. — Wenn nicht unter allen Umständen, so ist es doch gewöhnlich möglich, die mangelhafte Beschaffenheit vor der Benutzung der Korken zu entdecken und solche Stopfen zu vermeiden. Wir müssen hier noch erwähnen, daß moussirende Weine manchmal ohne Schuld des Weines oder des Stopfens unbrauchbar werden und zwar dadurch, daß sie längere Zeit aufrecht stehen. Die Korken, die in dieser Lage nicht vom Wein berührt werden, trocknen ein und das Gas entweicht. Wenn man die Kisten, in welchen man den Schaumwein zugesandt er-

---

*) Das Wort „muffig" stammt aus dem Italienischen, wo «Muffa» Schimmel und «muffato» und «muffo» schimmelig bedeutet. «Il vino senta di muffa» heißt dort: „Der Wein schmeckt (oder riecht) nach dem Pfropfen".

hält, wegen Mangel an Zeit oder aus irgend welchen andern Gründen nicht sofort nach dem Empfang auspackt, so muß man sorgfältig Acht haben, daß dieselben entweder auf dem Boden oder auf dem Deckel liegen, da die Axen der Flaschen mit der Fläche des Deckels und Bodens parallel laufen. Steht die Kiste auf einer der Seiten, so steht eine Reihe Flaschen mit den Köpfen nach unten, die andern aber mit den Köpfen nach oben; und diese letzteren verlieren dann nach kurzer Zeit unfehlbar ihr «Moussé». — Die geehrten Leser wollen einem alten Praktiker diesen kleinen Avis nicht verübeln. Seine Beachtung bezahlt sich.

An den Korken läßt sich Nichts sparen; sie sind deshalb auch ein kostspieliger Artikel: gute Expeditionsstopfen kosten 150 Frcs. und mehr per 1000 Stück. —

Um nun die Korke mit einem Durchmesser von 32 Millimeter in die Flasche zu treiben, deren Hals nur 20 Millimeter mißt, bedarf es einer Stopfenmaschine. Ihr Haupttheil besteht aus einem konisch gebohrten, in der Mitte der Länge nach durchgeschnittenen Stück Bronze, welches sich durch einen tretbaren Mechanismus öffnet und schließt. Der Stopfen wird in die geschlossene konische Oeffnung oben eingesetzt, vermittelst eines starken Nagels durch ein Zuggewicht durch dieselbe in die Flasche getrieben, der Konus dann geöffnet und die Flasche herausgenommen. Fest gemacht wird der Stopfen auf der Flasche durch die „Kordel" (so nennt man's am Rhein, in Norddeutschland heißt es Bindfaden, in Berlin „Strippe", in Schlesien und in Oesterreich Spaggat oder auch wohl gar „Spuckat", von dem italienischen «Spago», «Spagetto») und Draht. Erstere wird in zwei Schlingen ohne Knoten fest durch den Stopfen gezogen, und auf diese Weise entsteht der bekannte runde Kopf des zur Zeit des Bindens oder Schlingens der Kordel noch weichen oder elastischen Pfropfens und somit der Champagnerflasche. Dann wird der Draht umgelegt und mit einer Zange festgezogen; der Arbeiter, der das „Drahten" besorgt, schüttelt jede Flasche zweimal tüchtig um, damit sich der Liqueur gehörig mit dem Weine vermischt. — Etikettiren und Stanioliren (d. h. in das silberfarbige Kopf=Enveloppe einschlagen) sind einfache Operationen, ebenso das Packen. Früher waren zur Verpackung Körbe üblich, jetzt nimmt man durchgängig Kisten; ebenso hat man das lose Stroh von früher jetzt vortheilhaft durch Strohhülsen ersetzt; besonders für den Empfänger sind letztere angenehm; sie packen sich auch rascher. Das Eintunken in Lack, wodurch der Staniol ersetzt werden soll, ist manchem Konsumenten zuwider, denn man beschmiert sich damit beim Oeffnen der Flasche die Hände.

Endlich noch ein Wort über die Flaschen. — Dieselben müssen stark sein, um dem von der Kohlensäure entwickelten Druck von 4—6 Atmosphären Widerstand zu leisten; sie müssen inwendig glatt sein, damit der feste Bodensatz, welcher, wie wir gesehen haben, durch das sogenannte „Rütteln" auf den Kork gebracht wird, sich nicht in der Flasche anhängt. Sobald die innere Oberfläche auch nur im geringsten rauh ist, so ist die Flasche nicht zu gebrauchen. Dieses ist auch der Hauptgrund, weshalb einmal gebrauchte Flaschen nicht wieder zu verwenden sind; die Stelle, wo das „Depôt" zum ersten Mal gesessen, wird nie wieder vollständig glatt, trotz sorgfältiger Reinigung mittelst der Flaschenbürste oder mittelst Glasperlen. —

Der Hauptsitz der Champagnerflaschen-Industrie im westlichen Deutschland ist Friedrichsthal bei Saarbrücken; auch Buhlbach bei Freudenstadt im württembergischen Schwarzwald liefert vorzügliche Flaschen. — Es scheint fast, als ob die Flaschen-Industrie nur dort gedeihen könne, wo die Vorkommniß der Grundbestandtheile des Glases und billigen Brennmaterials an Ort und Stelle vorausgesetzt, zugleich auch die Industrie schon seit langer Zeit heimisch ist.

Nur längere Zeit hindurch auf einander folgende Generationen glasblasender Menschen bringen das Phänomen fertig, daß endlich die betreffenden Arbeiter die — wir möchten sagen — instinktive Fertigkeit besitzen, die nöthig ist, um aus je einem Klumpen flüssiger Glasmasse Flaschen zu blasen, eine wie die andere, und von demselben — bis auf wenige Centilitres gleichen — Inhalt. Man wird versucht, in dieser Erscheinung eine neue Bestätigung der Darwin'schen Lehre zu finden. Der junge Vorstehhund von guter Race, der noch nie ein Stück Wild „in der Nase gehabt", muß auf seinem ersten Feld (im ersten Jahr, wo er auf die Jagd kommt), Hühner und Hasen stehen, wie ein alter, ferner Hund; thut er es nicht, so ist er unbrauchbar. — —

Als in den vierziger Jahren die Fabrikation moussirender Weine in der Champagne einen großartigen Aufschwung nahm, kamen spekulative Köpfe in Deutschland auf die Idee, diese Industrie auf heimischen Boden zu verpflanzen. Der geeignete Wein war vorhanden, alles andere ließ sich beschaffen. Soviel wir wissen, gebührt das Verdienst, die erste Fabrik moussirender Weine in Deutschland errichtet zu haben, Herrn Keßler in Eßlingen, welcher vormals Associé des Hauses Clicquot in Reims war. Nach und nach folgten mehrere seinem Beispiel und es entstand eine ansehnliche Zahl von Fabriken, von denen einige bald einen bedeutenden Umfang erhielten. — Man arbeitete und arbeitet jetzt noch genau in der Weise der französischen Champagne; früher war man gezwungen, einen Franzosen oder einen in der Champagne angelernten Deutschen als technischen Fabrikanten zu halten; heutzutage ist die Industrie bei uns soweit heimisch geworden, daß dies nicht mehr nöthig ist. Sehr wichtig aber wäre es gerade für unsere deutsche Industrie, wenn junge Leute, die auf einer polytechnischen Schule oder Universität Chemie wissenschaftlich-gründlich studirt haben, sich der Schaumwein-Fabrikation widmen wollten. Sie würden neben einem interessanten Beruf auch pekuniär gut lohnende Stellungen finden.

Die deutschen Schaumweine sind von ganz verschiedenem Charakter, je nach den Ländern, für welche sie bestimmt; für den Kontinent und speziell für Deutschland braucht man Weine, die — genau wie in der Champagne — aus rothen Trauben weiß gekeltert werden für England hingegen verwendet man weiße Weine vom

Rhein und von der Mosel. Das Weißkeltern rother Trauben wird dadurch möglich, daß man den Farbstoff der schwarzen Beeren nicht zur Wirkung kommen läßt. Die Farbe hat ihren Sitz nur in der Schale oder der äußern Haut der Traube; will man rothen Wein herstellen, so werden die Trauben gestoßen und bleiben so drei bis vier Wochen stehen, ehe man sie keltert. Der Most zieht während dieser Zeit die Farbe aus den Hülsen und wird durch diese roth. — Will man aber aus schwarzen oder rothen Trauben weißen Wein herstellen, so keltert man sie rasch ab, nachdem sie gelesen worden sind und paralysirt dadurch den Farbstoff.

Die Verschiedenheit im Styl der Weine für Deutschland und für England ist sowohl dadurch entstanden, daß man sich bemühte, für Deutschland einen Wein herzustellen, der möglichst mit dem französischen Champagner identisch oder ihm ähnlich war; für England hingegen — das schwerere Weine liebt und wenigstens damals fast ausschließlich nur schwere Weine trank — versuchte man es mit den allerdings viel körperhafteren Riesling-Weinen vom Rhein und von der Mosel. Der Versuch gelang: die Weine gefielen in England gerade wegen ihres Körpers und ihrer soliden und kraftvollen Eigenart; das englische Publikum gab ihnen den Namen „Sparkling Hock" und „Sparkling Moselle", und unter diesen Namen haben sie sich bis auf den heutigen Tag auf dem englischen Markt in großer Gunst erhalten.

Anders in Deutschland. Bei uns war damals leider noch nur das salonfähig, was ausländisch war, oder was, in Ermangelung dieser Kardinaltugend, doch wenigstens einen ausländischen Namen affichirte. So kam es denn, daß die deutschen moussirenden Weine nicht allein möglichst champagnerähnlich gehalten wurden, sondern daß man ihnen auch französische Namen gab, ja sogar die Namen wohlbekannter Champagnerhäuser mißbrauchte. Der Absatz wurde freilich sehr dadurch erleichtert, der Ruf des Fabrikats aber schwer geschädigt; war der Wein gut, so half er nur den Namen der imitirten Firma weiter begründen; war es aber wirklich französischer Wein und dabei schlecht — wie das ja auch vorkommt, — so hieß es: „Das ist sicherlich wieder von dem nachgemachten deutschen Zeug." Das Publikum aber mußte das Vergnügen, eine bekannte französische Etikette auf dem deutschen Weine zu sehen, ziemlich theuer bezahlen; wenn der betreffende Wirth, der sogenannte Contrefaçons führte, für den Wein unter deutscher Etikette doch nicht mehr als anderthalb Thaler (4 Mark 50 Pfennige) nehmen konnte, so mußte er für denselben Wein unter französischer Marke wenigstens 2 Thaler 10 Sgr. bis 2 Thaler 20 Sgr. ansetzen, wenn er den Wein überhaupt als „echt" poussiren wollte. Natürlich war der Herr Hospes dazu mit Vergnügen bereit, denn der betreffende Extrathaler floß in seine fröhliche Tasche. —

Unselbstständig, unbekannt, und wenn erkannt, mißachtet, mußte der deutsche Wein in Deutschland bei solchen Geschäftsprinzipien nothgedrungen unterliegen.

Sonderbarer Weise scheint es dem Publikum nie eingefallen zu sein, daß ein Wein, der durch Aufkleben einer französischen Etikette den französischen Wein ersetzte und von den Meisten durch den Geschmack von diesem nicht zu unterscheiden war, dem sogenannten „echten" doch sehr ähnlich sein müsse. —

Diesem Treiben nun machte im wohlverstandenen Interesse der deutschen Industrie selbst der Handelsvertrag mit Frankreich vom 1. Juli 1863 ein Ende. Gegenseitiger Markenschutz ward garantirt und die Contrefaçons mußten aufhören. Der deutsche Schaumwein war so mit einem Schlag auf seine eigenen Füße gestellt; er mußte Farbe bekennen und, um sich seines Lebens zu wehren, mit Entschlossenheit eintreten in den Kampf um das Dasein. —

Manche deutsche Häuser, die hauptsächlich nach Deutschland arbeiteten, fürchteten geradezu sofortige Vernichtung ihrer Existenz, z. B. Herr Burgeff in Hochheim, der darob über Nacht ein schutzöllnerischer Reaktionär ward, während er bis dahin das diametrale Gegentheil gewesen. Indessen, trotz aller düstern Prophezeiungen aus den Kreisen hochangesehener Fabrikanten, vollzog sich der Uebergang und der Umschwung leicht und natürlich. — Wir müssen gestehen, daß wir diese Befürchtungen nie getheilt, sondern im Gegentheil die vorauszusehenden Folgen des genannten Handelsvertrags mit Freuden begrüßt haben. Um den Standpunkt einer wirklich lebensfähigen und geachteten Industrie einnehmen zu können, mußte der deutsche Schaumwein dem französischen gegenüber endlich selbstständig werden; (bisher war er — auf dem deutschen Markte wenigstens — nur dessen Schleppenträger und chmarotzer gewesen). Zur Erreichung dieses wichtigen Zweckes durften selbst vorübergehende Opfer nicht geschent werden; aber sie waren, wie wir gesagt, in Wirklichkeit nur gering. Der Krieg und die gleichzeitige Krisis von 1866 brachten weit mehr Störung in den Absatz moussirender Weine in Deutschland und England, als das vielgefürchtete Aufhören der Fälschungen und Contrefaçons; mit dem allgemeinen Aufleben von Handel und Wandel hob sich auch der Absatz der Schaumweine, welcher von 1872 bis Mitte 73 in der „finanziellen Glanzperiode", oder wenn man lieber will, „in der Zeit des ungenirten und zuweilen auch unüberlegten Geldausgebens", seinen Höhepunkt erreichte. Die darauf eingetretene und leider bis jetzt noch nicht völlig beendete Depression und chronische Krisis wirkte störend, wie auf den Verbrauch aller Luxusartikel, so auch auf den Konsum der Schaumweine. —

* * *

Jahre sind vergangen, seit dem Obiges geschrieben wurde; — bedeutend hat sich das Schaumweingeschäft seit 1874 bis jetzt noch nicht gebessert, aber eine kleine Wendung zum Bessern ist doch zu konstatiren. Wenn es wahr ist, was wir schon oft bestätigt gefunden haben, daß nämlich der Konsum von Schaumweinen ein richtiges Barometer ist für den Gang der Geschäfte im Allgemeinen, so will es scheinen, als wenn sich dasselbe in diesem Jahre (1880) etwas gehoben haben müsse. Besonders der Absatz deutscher Schaumweine in Deutschland hat sich etwas günstiger gestellt in Bezug auf Quantität sowohl, wie auf Qualität der versandten Weine. Unser großer Konkurrent, die französische Champagne, hatte nach dem bedeutenden Aufschwung, den das Geschäft dort 1874 genommen, ungeheure Quantitäten von Mittel= und geringen Weinen auf Spekulation gezogen. In den folgenden Jahren aber ging das Geschäft nicht in der erwarteten Weise. Die Läger mußten realisirt werden, und die Weine wurden zum Theil zu unglaublich billigen Preisen abgesetzt; manchmal so billig wie deutsche. Natürlich griff das deutsche Publikum, bei seiner bekannten Vorliebe für „echte (d. h. hier für ausländische) Weine", mit Begierde zu, und die heimischen Fabriken hatten recht schwere Zeiten. Dieser Strom scheint sich denn nach und nach etwas verlaufen zu haben; — hauptsächlich aber ist ihm wohl Einhalt geboten worden durch die Zollerhöhung auf französische Flaschenweine, auf welche wir weiter unten zurückkommen werden. Noch ein anderer Umstand aber hat dem deutschen Schaumwein zu dauerndem Nutzen gereicht. Es kommt oft vor (und der Schreiber Dieses könnte in der That vielfache Beispiele dafür aufführen), daß Personen, die absolut keinen französischen Champagner vertragen, unser Wein gut bekommt. Noch ganz kürzlich gab uns eine hohe medizinische Autorität (Herr Geh. Ober=Medicinal=Rath und ord. Professor der medizinischen Fakultät von L. in Berlin) eine Bestellung mit den Worten: „Ihr Wein schmeckt mir und ist mir den ganzen Sommer durch (in Wiesbaden) sehr gut bekommen, viel besser als mir französischer bekommt; und ich werde ihn gern in Berlin empfehlen."

Wenn kleine französische Spekulationsweine mit stark cognachaltigem Liqueur — zur Verdeckung ihres geringen Weingehaltes — dosirt sind, so läßt es sich leicht begreifen, daß sie unbekömmlich werden; wie läßt sich aber das Gleiche bei den ersten gutgearbeiteten Marken der Champagne erklären? Einfach so: durch den Boden, auf welchem sie wachsen und der, wie männiglich bekannt, aus Kreide besteht — unser Rother wächst auf Kies oder Schiefer, — nimmt der Wein eine verhältnißmäßig große Quantität Kalk in sich auf, und dieser Kalkzusatz im Wein ist vielen Organismen durchaus schädlich. Dies ist nach unserer Ansicht die einzig plausible Erklärung für eine Erscheinung, die uns häufig begegnet, und wir müssen gestehen, daß wir es immer gern hören, wenn man uns sagt: „Das muß man Ihrem Wein (d. h. dem deutschen Schaumwein) lassen, er bekommt vortrefflich."

Und jetzt zum Schluß noch ein paar Worte über einen heiklen Punkt, wenn man es mit einer der Säulen des Freihandels zu thun hat. Die Zollerhöhung auf französische Flaschenweine — ein Finanzzoll, der aber als Schutzzoll uns ein wenig zu gute gekommen ist — hat allerdings so gut wie gar keinen Einfluß auf den Konsum der großen Champagnermarken gehabt, wie Cliquot, Roederer, Moêt u. s. w. Wer diese zu trinken gewohnt ist, wird sie nach wie vor trinken trotz Zollaufschlags. Denn die Hoch-Luxusartikel nehmen bekanntlich gar keine Notiz von den Zöllen; und manchmal sogar heißt es: Je theurer, desto besser. Anders aber verhält es sich mit den zweiten und dritten Marken und den oben erwähnten Spekulationsweinen der Champagne, deren Qualität bei den fortdauernd hohen Preisen der Brüt= weine meist eine sehr fragwürdige ist, und deren Haupt= tummelplatz unser Vaterland geworden, — von einigen südamerikanischen Republiken, der Türkei, Rumänien Bulgarien und andern volkswirthschaftlich halb wilden Ländern nicht zu reden.

Weshalb?

1) Weil der Deutsche gern „echte Weine" trinkt, selbst wenn sie theurer und schlechter sind, als die hei= mischen.

2) Weil die geringen Weine, trocken aufgemacht, nicht genießbar sind und deshalb für den englischen Markt nicht taugen.

3) Weil die romanischen Nationen, Franzosen, Ita= liener, Spanier, überhaupt wenig trinken.

4) Weil in den Vereinigten Staaten und Rußland, bei den enorm hohen Eingangszöllen, der Konsum sich nur auf wenige hochfeine Marken der Cham= pagne beschränkt, und dabei beständig wechselt, je nach dem von diesen Marken bald die eine, bald die andere Mode ist.

Diesen französischen Weinen, welche, um ein mit etwas bedenklichem Ursprung behaftetes geflügeltes Wort zu gebrauchen, in der That „billig und schlecht" sind, hat der erhöhte Zoll den Eintritt nach Deutschland wesent= lich erschwert.

Er hat aber auch Manchen auf die deutschen Schaumweine aufmerksam gemacht, der sie bisher als etwas „Unmögliches" betrachtet und behandelt hat. Freunde im norddeutschen Weinhandel, die für den Schreiber Dieses stets ein freundliches Gespräch und ein Glas guten Bordeaux, aber nie eine Ordre auf deutsche Schaumweine übrig hatten, fragten in diesem Jahre nach der Fabrikationsweise, ließen Proben kommen und — bestellten, wenn auch Anfangs nur mit einem etwas zweifelhaften Lächeln. Später aber waren doch Manche ehrlich genug, zu sagen: „Wir waren in der That in einem Vorurtheil befangen, Ihre Weine sind wirklich besser, als Alles, was wir bisher von etwa gleichpreisigen französischen Weinen geführt haben."

Und das Publikum steht sich nicht schlecht dabei; trotz geringer Vorräthe — in Folge der vielen Mißjahre —, trotz der enormen Preise dieses Jahrganges (bis zu 50 Pf. per Pfund rothe Trauben) hat bis dato noch keine deutsche Fabrik, soweit uns bekannt, ihre Preise erhöht. Unter denselben Verhältnissen aber setzen im Augenblick, wo wir Dieses schreiben, die großen französischen Häuser ihre Preise um ein sehr Bedeutendes in die Höhe.

Sie können das thun, denn sie kommandiren den Weltmarkt; ihnen kann auch kein Schutzzoll was anhaben, weil sie in ihrer Art unübertrefflich sind. Was aber in ihrem Kielwasser segelt, unter Begünstigung der Nationalflagge, welche bisher nur durch unser deutsches Vorurtheil geschützt wird, die geringen Weine des Champagner- und Saumure-Distrikts, die hält uns der erhöhte Zoll erfolgreich vom Leib.

Dixi et salvavi animam!

* * *

Zum Schlusse noch ein Wort über die Erzeugung der Kohlensäure — zur Ergänzung unseres obigen Berichtes.

Wir haben in demselben beschrieben, wie durch Gährung die Kohlensäure im Wein erzeugt wird und wie, in Folge dieses Prozesses, feste Bestandtheile sich ausscheiden.

Im Publikum ist nun vielfach die irrige Ansicht vertreten, daß im deutschen Schaumwein, weil er „nicht echt sei", die Kohlensäure eingepumpt werde, etwa wie bei künstlichem Selterswasser. Dieses aber ist nicht der Fall und kann es nicht sein, weil sich durch Einpumpen kein Wein herstellen läßt, der hell bleibt und der in der gewohnten Weise schäumt.

Die festen Bestandtheile, die sich bei unserem Verfahren durch die Gährung ausscheiden, und die durch das Dégorgement entfernt werden, würden in der Flasche bleiben und früher oder später eine Trübung des Weins bedingen.

Die Kohlensäure aber würde sich nicht langsam entwickeln und dadurch später in fein vertheiltem Zustande, in kleinen Bläschen, aufsteigen; sie würde in großen Blasen im Glase sich zeigen und später rasch absterben:

von einem nachhaltigen, feinen „Moussé" ist dann keine Rede. —

Was wir noch von so hergestellten Weinen zu probiren Gelegenheit hatten, war entweder heftig im Geschmack, weil der Wein nicht hinreichend verlagert war, oder es war stumpf und unelegant, — je nachdem man junge oder alte Weine mit Kohlensäure imprägnirt hatte.

R........, Ende November 1880.

M. E.